大学入試　レベル別英語長文問題
Solution3　トップレベル
（ソリューション）

別冊問題　もくじ

次の英文を読み、設問 **1.** ～ **10.** に答えなさい。

For decades, Paul Ekman and his colleagues have studied the influence of culture on the facial display of emotions. They have concluded that display rules are [A] each culture and dictate what kinds of emotional expressions people are supposed to show. The display rules of more individualistic cultures discourage the expression of shame in front of others, while the display rules of more collectivistic cultures allow (or even encourage) it.

Here is another example: American cultural (1) norms (2) typically discourage emotional displays in men, such as grief or crying, but allow the facial display of such emotions in women. In comparison, in Japan, traditional cultural rules dictate that women should not exhibit a wide, (3) uninhibited smile. Japanese women will often hide a wide smile behind their hands, whereas Western women are allowed — indeed, encouraged — to smile broadly and often. Japanese norms lead people to cover up negative facial expressions with smiles and laughter and, in general, to display fewer facial expressions than are displayed in the West.

There are, of course, other channels of nonverbal communication besides facial expressions. These nonverbal cues are strongly shaped by culture. Eye contact and gaze are particularly powerful nonverbal cues, as alluded to above. In American culture, people often become suspicious when a person doesn't "look them in the eye" while speaking, and they find it disconcerting to speak to someone who is wearing dark sunglasses. However, in other parts of the world, direct eye gaze is considered (4) <u>invasive</u> or disrespectful.

Another form of nonverbal communication is how people use personal space. Imagine that you are talking to a person who stands too close to you or too far away; these deviations from "normal" spacing will affect your impressions of that person. Cultures vary greatly in what is considered normative use of personal space. For example, most Americans like to have a bubble of open space, a few feet in radius, surrounding them. In comparison, in some other cultures it is normal for strangers to stand right next to each other while speaking, to the point of touching; someone who stands [B] may be considered odd or suspicious.

1. Choose the words that best fit in blank [A] .
a. unpredictable for　　b. identical in
c. particular to　　　　d. inconsistent with

2. Which of the following best paraphrases underline (1) ?
a. an unusual way that people act or behave
b. a unique way that people express their emotions
c. a right that individuals have in a particular culture
d. a standard way in which people are expected to behave

3. Which of the following best paraphrases underline (2) ?
a. absolutely　　　　　b. specifically
c. especially　　　　　d. generally

4. Which of the following best paraphrases underline (3) ?
- a. not restrained
- b. not sincere
- c. not relaxed
- d. not serious

5. Which of the following best paraphrases underline (4) ?
- a. tending to insult others
- b. tending to enter others' personal space
- c. tending to discourage others from taking their turn
- d. tending to show hostility against others

6. Choose the word or phrase that best fits in blank [B].
- a. close
- b. behind
- c. in the middle
- d. apart

7. According to the first paragraph, studies done by Paul Ekman and his colleagues found that
- a. cultures play a role in shaping the way that individuals express emotions.
- b. emotional expression is universal across different cultures.
- c. the expression of shame is a marker of individualism in a culture.
- d. members of collectivistic cultures are discouraged from expressing their emotions.

8. According to the second paragraph, a difference between American and Japanese culture in terms of expression of emotion is that
- a. Japanese women cry more frequently than American women.
- b. American women display negative emotions more indirectly than Japanese women.
- c. Japanese people tend to display fewer facial expressions than Americans.
- d. Japanese women are expected to smile in front of others more than American women.

9. According to the third paragraph, in American culture,

a. people feel uncomfortable if the speaker's eyes are not visible.

b. people tend to wear sunglasses while speaking because it is more respectful.

c. direct eye gaze while speaking is disrespectful.

d. wearing sunglasses when conversing is a way to put people at ease.

10. According to the fourth paragraph,

a. in the United States, having space between people who are conversing is considered strange.

b. in some cultures, there tends to be less space between people who are conversing than in the United States.

c. granting others personal space while conversing is generally seen as respectful.

d. in some cultures, there tends to be more space between people who are conversing than in the United States.

次の英文を読み、設問に答えなさい。

Our ancestors began to scrawl pictures on rock walls, to represent in images animals that weren't present. They drew events that took place in the past or might happen in the future. Something had changed in the way their brains functioned, something that opened up the ability to (ア) see beyond the now. At the same time as reacting to the world about them, these transformed creatures were able to (1) deal with "what if?," to dream, to plan, to anticipate. They had become conscious.

Watch a TV documentary set in an African game park and the response of prey animals like a herd of *gazelle to the presence of predators seems unbelievably strange from the human viewpoint. (2) If a lioness is lying at the edge of the herd, watching intently, picking out a target, this fearsome predator is likely only to be eyed briefly, if nervously, by its potential victims before the gazelle return to cropping the grass. We would be thinking, "I've got a problem here. The lioness could hurt me or even kill me. I think I'll sneak away, just in case. Or at least I'll make sure there's a fatter, slower gazelle between me and the lioness." But this ability to project into the future, to (イ) be aware of potential circumstances and analyze consequences, （ 3 ） the gazelle. It is only when the attack commences that a flight response is triggered.

(4) There are clear survival benefits from being able to consider

what might be as well as what is. It gave humans the ability to
assess risk, to (ウ) make decisions based on what might happen,
rather than reacting solely to the immediate threat. Seeing beyond
the now brought us literature and religion, science and civilization.
Yet perhaps the greatest benefit that would come from this change
was the realization that we ourselves could become different in the
future. Thanks to the ability to (エ) ponder what might be, our
predecessors were able to think, "I want to be different from the way
I am now," kickstarting the urge to (オ) upgrade the human form.

(5) The result was something biologically unique. Human beings
began to turn themselves into something new, not through the
painfully slow process of natural selection but by our own
*intervention — our desire to improve has driven us to upgrade
continuously.

注 *gazelle: レイヨウ（群れで暮らす草食動物の一種） *intervention:介入・干渉

問1 下線部（1）と趣旨の異なる記述を、本文中の波線部（ア）～（オ）の
中から1つ選び、記号で答えなさい。

問2 下線部（2）が描写している状況を、日本語で簡潔に述べなさい。

問3 空所（3）に入る最も適切な語句を以下のA～Dの中から1つ選び、
記号で答えなさい。
A. is shared by   B. isn't present in
C. is unique to   D. isn't equipped with

1 社会論

2 社会論

3 医学

4 哲学

5 論理学

6 歴史

7 IT・テクノロジー

8 心理学

9 健康

10 哲学

問4 下線部（4）を日本語に訳しなさい。

問5 下線部（5）でbiologically uniqueとされている結果はどのようなものか、日本語で答えなさい。

次の英文を読み、設問 **(A)** と **(B)** に答えなさい。

When it comes to predicting heart trouble, doctors essentially play a guessing game. So among all the [1] — such as a person's age, weight, family medical history and cholesterol levels — it turns out that one of the most reliable indicators may also be a bit unexpected:

5 calcium.

According to the latest research, led by scientists from Baptist Health South Florida medical center Miami, at least 35% of people who have calcium buildup in their blood vessels but no [2] heart-disease risk factors are almost four times as likely to have a

10 heart event in seven years, compared with [3] have zero calcium and some risk factors. Although the correlation was known before, as studies like Baptist's *gain traction, doctors are [4].

There's no evidence connecting these calcium deposits with the calcium you ingest from dairy products, so it's still important to

15 [5].

But for reasons experts can't explain, after age 50, bits of calcium can [6] blood vessels. Once there, they attract immune cells and form dangerous plaques that may stiffen arteries and generate *clots that can block blood flow to the heart, [7] causing a heart

20 attack. "Our data show that the status quo is unacceptable," says Dr. Khurram Nasir, senior author of the Baptist Health study. In the past, doctors were reluctant to test for calcium deposits using a

*coronary-calcium scan because it exposes patients to a small amount of radiation. They believed the risk wasn't [8] the benefit, since other heart-trouble indicators were reliable enough.

But studies like Nasir's are chipping away at that theory. And now that new cholesterol guidelines have dropped the threshold for starting cholesterol-lowering drugs, or statins — meaning 31 million adults could face a lifelong prescription — more doctors are starting to add tests like calcium screening to determine who really needs medication. "If I see no calcium, I'm inclined to try to get that patient off medicines," says Dr. Vincent Bufalino, a heart specialist in Chicago.

In the coming weeks, expect more studies to build momentum for the idea that people in their 50s or 60s should know [9] just their cholesterol numbers but their coronary-calcium score too.

*gain traction 注目を集めるようになる　*clots どろっとした固まり
*coronary-calcium 冠動脈カルシウム

(A) 空所 [1] ～ [9] に入れるのに最もふさわしいものをa ～ e から1つ選べ。

1.　a. factors they consider　　b. questions they are asked
　　c. self-evident points　　　d. tests they perform
　　e. unrelated information

2.　a. different　　　　　b. less　　　　　c. other
　　d. sooner　　　　　e. trouble

1 社会論
2 社会論
3 医学
4 哲学
5 論理学
6 歴史
7 IT・テクノロジー
8 心理学
9 健康
10 哲学

3. a. that which
   c. their patients
   e. those who
   b. the vessels which
   d. these figures that

4. a. beginning to dismiss its credibility
   b. farther away from the truth
   c. finding it harder to report about it
   d. questioning that the source of the data is Baptist Health South Florida medical center
   e. taking it more seriously

5. a. get the recommended amounts to maintain strong bones
   b. reduce your calcium intake immediately
   c. remember the strong relationship between these factors
   d. purchase dairy products with utmost care
   e. undergo physical examination at regular intervals

6. a. be gradually removed from
   b. completely disappear in
   c. cut all their ties with
   d. find their way into
   e. start classifying

7. a. as   b. even   c. from
   d. more of   e. the patient

8. a. affected by   b. allowing   c. more than
   d. outweigh   e. worth

9. a. about   b. not   c. of
   d. only   e. precisely

(B) 下線部が示唆する内容として最もふさわしいものをa～eから1つ選びなさい。

a. カルシウム以外の指標は十分信頼できる。

b. コレステロールのガイドラインは廃止されるべきである。

c. コレステロールを減らす薬の使用はできるだけ早く始める方がよい。

d. リスクはあるが、冠動脈カルシウムのスキャンは行ったほうがよい。

e. Nasir氏の研究から出てきた理論は価値が下がりつつある。

1 社会論
2 社会論
3 医学
4 哲学
5 論理学
6 歴史
7 IT・テクノロジー
8 心理学
9 健康
10 哲学

制限時間20分／308 words／解答：本冊p.52

次の英文を読み、下線部（ア）、（イ）、（ウ）を和訳せよ。ただし、下線部（ア）のitと、下線部（イ）のthisが、それぞれ何を意味するかを明らかにすること。

How can the capacity for solitude be cultivated? With attention and respectful conversation.

Children develop the capacity for solitude in the presence of an attentive other. Imagine a mother giving her two-year-old daughter a bath, allowing the girl to daydream with her bath toys as she makes up stories and learns to be alone with her thoughts, all the while knowing her mother is present and available to her. Gradually, the bath, taken alone, becomes a time when the child is comfortable with her imagination. Attachment enables solitude.

One philosopher has a beautiful formulation: "Language ... has created the word 'loneliness' to express the pain of being alone. And it has created the word 'solitude' to express the glory of being alone." (ア) Loneliness is emotionally and even physically painful, born from a lack of warmth in early childhood, when we need it most. Solitude — the capacity to be contentedly and constructively alone — is built from successful human connection at just that time. But if we don't have experience with solitude — and this is often the case today — we start to equate loneliness and solitude. This reflects the poverty of our experience. If we don't know the satisfaction of solitude, we only know the panic of loneliness.

Recently, while I was working on my computer during a train ride from Boston to New York, we passed through a magnificent snowy landscape. _(イ) I wouldn't have known this but for the fact that I happened to look outside on my way to get a coffee. Then I noticed that every other adult on the train was staring at a computer. _(ウ) We deny ourselves the benefits of solitude because we see the time it requires as a resource to use more profitably. These days, instead of using time alone to think (or not think), we hurry to fill it with some digital connection.

（ア）

（イ）

（ウ）

1 社会論
2 社会論
3 医学
4 哲学
5 論理学
6 歴史
7 IT・テクノロジー
8 心理学
9 健康
10 哲学

制限時間20分／382 words／解答：本冊 p.62

Choose the best option from a - d for questions 1. - 5. .

In the analysis of any argument, questions and answers to questions (assertions) should never be isolated from each other. In other words, every argument is really a dialogue, and should be evaluated as such. Every argument has two sides. It is the obligation of an answerer in reasonable dialogue to give an informative and relevant direct answer to a reasonable question if he/she can. If an answerer truly does not know whether the proposition queried is true or false, he/she should have the option, in reasonable dialogue, of replying 'I don't know' or 'no commitment one way or the other.' In other words, the ignorant answerer should be able to admit his/her ignorance. For, as Socrates reminded us, the beginning of wisdom is to admit your ignorance if you really don't know the answer to a question. Hence, any structure of dialogue that does not allow an answerer the (　A　), in replying to questions would not be tolerant of wisdom.

The idea that an answerer should concede that he/she doesn't know the answer, if he/she really doesn't, is reflected in a traditional fallacy called the *ad ignorantiam* fallacy. Consider the following dialogue:

Elliot: How do you know that ghosts don't exist?

Zelda: Well, nobody has ever proved that ghosts do exist, have they?

Here, Elliot asks Zelda to give justification for her commitment to the proposition that ghosts do not exist. Zelda answers by shifting the burden of proof back onto Elliot to prove that ghosts do exist. This reply is said to commit the fallacy of arguing from ignorance (*argumentum ad ignorantiam*); just because a proposition has never been proved true, that does not mean that it is false. You cannot argue from ignorance.

Fermat's Last Theorem in mathematics can be a good illustration of this point. The theorem, written in 1637 stating that it is impossible to separate any power higher than the second into two like powers (no three positive integers a, b, and c satisfy the equation $a^n + b^n = c^n$ for any integer value of n greater than 2), had never been proved true until 1994, when Andrew Wiles and Richard Taylor worked out a proof based on methods developed by other mathematicians. Prior to 1994, it was （ B ） whether it can be proved that Fermat's Last Theorem is unprovable.

1. Which of the following best fits in blank A?
   a. no-commitment option
   b. negative-answer option
   c. positive-response option
   d. response with wisdom

1 社会論

2 社会論

3 医学

4 哲学

5 論理学

6 歴史

7 テクノロジー IT・

8 心理学

9 健康

10 哲学

2. Which of the following arguments meets the definition of the *argumentum ad ignorantiam*?

[I] Proposition A is not known to be true; therefore, A is false.

[II] Proposition A is not known to be false; therefore, A is true.

    a. I only   b. II only

    c. both I and II   d. neither I nor II

3. Which of the following is NOT true of the argument below?

[Some philosophers have tried to prove God does not exist, but they have failed. Therefore, God exists.]

a. The argument is not consistent with Socrates' sense of wisdom.

b. The conclusion is similar to Zelda's response to Elliot's question in the text.

c. The replacement of the conclusion with "Therefore, God does not exist" makes the argument sound.

d. The argument is a case of *argumentum ad ignorantiam*.

4. Which of the following best fills in the blank labeled B?

a. an appropriate proposition   b. an open question

c. a disclosed problem   d. a challenging issue

5. What could we say about Fermat's Last Theorem before 1994?

a. It had not been proved because it could not be proved.

b. All that was known was that it might just be very difficult to prove.

c. Mathematics does not allow argument from ignorance.

d. Whether a proposition has been proved is analogous to whether it can be proved.

制限時間20分／330 words／解答：本冊 p.72

ナバホ語 (Navajo) に関する次の英文を読み、下線部 (ア)、(イ)、(ウ) を和訳せよ。

Eugene Crawford is a Navajo, a Native American; he cannot forget the day he and his friend were recruited for the United States military. Upon arrival at Camp Elliot, they were led to a classroom, which reminded him of the ones he had entered in boarding schools

5 as a child. These memories were far from pleasant. (ア)<u>He could almost taste the harsh brown soap the teachers had forced him to use to wash his mouth out when he was caught speaking Navajo.</u> His thoughts were interrupted when the door suddenly opened and an officer entered. The new recruits stood to attention. "At ease,

10 gentlemen. Please be seated."

The first hour they spent in that building changed their lives forever, and the shock of what occurred is still felt by them to this day. They could never have imagined the project the military had recruited them for. Some of them believed that, had they known

15 beforehand, they might not have joined up so eagerly. Navajo had been chosen as a code for secret messages because unless you were a Navajo, you'd never understand a word of it. Navajo is a complex language and slight change in pronunciation can completely change the meaning of a message. The government's decision was wise — it

20 turned out to be the only code the enemy never managed to break — but for the young Navajo soldiers, it was a nightmare. (イ)<u>At no time

under any circumstances were they to leave the building without permission alone. They were forbidden to tell anyone about the project, even their families, until it was finally made public in 1968.

Many of these men had been punished, sometimes brutally, for speaking Navajo in classrooms similar to this run by the same government. (ウ) Now this government that had punished them in the past for speaking their own language was asking them to use it to help win the war. White people were stranger than the Navajos had imagined.

（ア）

（イ）

（ウ）

1 社会論
2 社会論
3 医学
4 哲学
5 論理学
6 歴史
7 IT・テクノロジー
8 心理学
9 健康
10 哲学

次の文章を読み、以下の設問に最適な答えを (a) 〜 (d) から 1 つ選びなさい。

The Leaf: Nissan Goes Green

For decades, inventors and automakers have pondered how to design a car that would help reduce the world's dependence on fossil fuels. Several prototype hybrid cars emerged, but each seemed to ⁵ "stall" for one reason, or another: the high cost of mass production, the lack of sufficient funding to bridge impossible start-up costs, infrastructure challenges, design or production problems, management shake-ups, and — according to some observers — the long-held resistance of industry leaders to deviate from the status ¹⁰ quo. Now, however, Japanese automaker Nissan believes it has hit on the right formula: its all-electric Leaf.

The Nissan Leaf is the world's first all-electric car to be produced for the mass market in the United States. Battery-powered, the Leaf can travel 100 miles on a full charge and registers zero emissions. ¹⁵ The Leaf requires seven hours to fully recharge; two hours to go an extra 25 miles.

Although Nissan has always been known for producing high-quality, well-engineered cars, over the years the brand suffered as a result of indecisive or unclear marketing. Consider, for example, the ²⁰ company's 1983 decision to change the name of its products marketed in the United States — Datsun — to the company name,

Nissan. This flip-flop occurred with little explanation, catching the public by surprise and leaving many scratching their heads. Handled in this way, the name change diminished whatever equity may have resided in the Datsun name, which at that time was widely known across the United States. The marketing error also opened the door to Japanese competitors like Toyota and Honda to gain ground with American consumers, who no longer had a clear view of the Nissan brand.

Historically, the cost of an electric car has been a deal breaker for many buyers. The Chevy Volt, for example, is priced at $41,000. By contrast, the Leaf has a $32,780 *sticker price, and buyers can take advantage of a $7,500 federal tax credit, bringing the car within range of the Toyota Prius.

Nissan made the 2011 Leaf available to U.S. buyers online with a refundable $99 deposit. Within weeks of introduction, all 20,000 units were spoken for. Although these cars will be produced in Japan, Nissan intends to begin U.S. manufacturing in 2012 at its Smyrna, Tennessee, assembly plant, where the Department of Energy's $1.4 billion loan is helping to modify the plant and build a facility nearby to manufacture Leaf batteries.

*sticker price: The price listed on a sticker attached to the window of a new automobile.

(1) The word "stall" in Paragraph 1 means to _____ .
- (a) stop making progress
- (b) appear from nowhere
- (c) make more expensive
- (d) block one's view

(2) The phrase "deviate from" in Paragraph 1 means to _____ .
- (a) leave with
- (b) differ from
- (c) benefit from
- (d) listen to

(3) According to Paragraph 2, what makes The Leaf the first of its kind?
- (a) It is an all-electric car.
- (b) It is made in the United States.
- (c) It is available for anyone to buy.
- (d) Its battery never needs charging.

(4) In Paragraph 2, the phrase "registers zero emissions" means The Leaf _____ .
- (a) can travel far after charging
- (b) will not pollute the air
- (c) costs nothing to operate
- (d) will never need repair

(5) In Paragraph 3, the phrase "scratching their heads" means people were _____ .
- (a) embarrassed
- (b) frightened
- (c) thoughtful
- (d) confused

(6) In Paragraph 3, the phrase "opened the door to" is closest in meaning to _____ .
- (a) suffered as a result of something
- (b) resided in a place
- (c) created an opportunity for
- (d) showed courtesy to

(7) In Paragraph 3, the phrase "to gain ground" means to _____ .
- (a) work with others
- (b) have a clear view
- (c) become more popular
- (d) compete in a fair way

(8) According to Paragraph 4, the cost of an electric car has been _____.

(a) less than ideal for buyers
(b) very reasonable for buyers
(c) historically inexpensive
(d) not expensive or inexpensive

(9) Based on the information in Paragraph 4, the price of the Toyota Prius is around $_____.

(a) 44,000   (b) 32,000
(c) 40,000   (d) 25,000

(10) In Paragraph 5, the phrase "spoken for" means _____.

(a) reserved   (b) made
(c) recalled   (d) advertised

1
社会論

2
社会論

3
医学

4
哲学

5
論理学

6
歴史

7
IT・テクノロジー

8
心理学

9
健康

10
哲学

制限時間20分／383 words／解答：本冊p.94

次の英文を読み、設問に答えなさい。

(1) There's nothing better than going out with friends for a meal, but even though you may all get on well, you also have a natural tendency to want to stand out from the crowd and not to seem to be following the herd. Studies have shown that when people make a choice from a menu, whether it's for food or drink, and hear what other people have chosen first, they are much more likely to go for something different to the others. This even extends to ordering something they don't really want — or certainly don't want as much as a popular choice — if it prevents them from looking like a sheepish follower.

It might seem that this is because the group around the table is going to share each other's choices, so they want a more varied selection — but outside of particular cuisines where this is the norm, there is no evidence of (2) this happening; people just (3) grimly eat their substandard choice.

There is a simple way to avoid this. When selecting from a menu with a group, make sure you choose what you want before any discussion of what people are going to order — and once you make your choice, stick with it. Avoid the temptation to switch away from what you really wanted in order to maintain a difference and you'll have a more enjoyable meal. Sometimes psychology means a degree of (4) tricking yourself to get what's best.

In recent years we have had a whole new opportunity to study human attempts to stand out from the crowd in the way we use social media. There have been some studies of the way that celebrities use Twitter in particular to share personal information to reinforce their celebrity status. This practice seems to have encouraged others, who don't have a natural group of followers, to aggressively attack others on social media to make themselves stand out, generating a form of artificial celebrity. As yet there has been relatively little work done on the psychology of those who misuse social media, but it seems that, (5) as in the real world, the best way to gain attention in social media is not to create artificial celebrity, but rather to achieve something of value in its own right that will bring with it personal distinction.

1 社会論

2 社会論

3 医学

4 哲学

5 論理学

6 歴史

7 IT・テクノロジー

8 心理学

9 健康

10 哲学

問1 下線部(1)を日本語に訳しなさい。

問2 下線部(2)のthisが指す内容を日本語で述べなさい。

問3 下線部(3)が表す状況として最も適切なものを以下のA～Dの中から1つ選び、記号で答えなさい。
A. willingly share various dishes with other people at the same table
B. disappointedly eat what others recommended as the best
C. seemingly enjoy being different from others in their choices
D. reluctantly eat something that is not what they really wanted

問4 下線部（4）は食事を注文する際にどのような行動をとることを意味しているか。本文の内容に即して日本語で具体的に説明しなさい。

問5 下線部（5）を日本語に訳しなさい。

次の英文を読み、下記の設問に答えよ。

No more TV dinners, no more snacking with Paul McCartney on the kitchen stereo and certainly, no listening to the more intellectual bits of Radio 4 over breakfast.

If you want to lose weight, the best accompaniment to a meal is the sound of your own chewing, a study suggests. Psychologists in the US have found that people consume less food when they can hear themselves eating. They believe the effect to be so powerful that even simply telling somebody that they are eating a crunchy snack makes them eat less. In a considerable benefit to those who cannot (1) get through a packet of crisps without making the noise of a small gunfight, experiments show that (A)人々が自分の食事の騒音に集中すればするほど、彼らはより食べる量が少なくなる and they think the flavours are more intense.

Gina Mohr, assistant professor of marketing at Colorado State University, said the findings suggested that people who wanted to diet could cut down on (2) distracting sounds. In one experiment, Dr. Mohr and a colleague asked 71 students to sit in a room with a bowl of ten pretzels while wearing a pair of headphones. Half of the participants had their ears （　ア　） with white noise, drowning out the sound of their chewing. They ate an average of four pretzels each. The other half, who were able to hear themselves eat much more distinctly, took 2.8 each.

The marketing psychologists also sat 156 undergraduates down in a room with eight baked crackers made from pitta bread. One group read a piece of paper that said: "Our pitta crackers deliver the crunch you (3) crave. You'll love the crispy sound of each bite." They each ate an average of one fewer than the other group, who were shown an instruction that emphasised the taste instead.

The researchers believe that food manufacturers have long understood this phenomenon. When the company behind the Magnum brand of ice creams changed their chocolate coating to stop it slipping off the bar, they *were inundated with complaints. It eventually (4) emerged that people had largely been buying the bars precisely because they liked the (5) brittleness of the chocolate and crackling noise it made when they ate it.

"To our (イ), this relationship had not been examined in existing research despite the importance that food sound has in the consumer environment," the authors wrote in the journal *Food Quality* and *Preference*.

*be inundated with ～で満たされる

設問1 下線部 (1) ～ (5) の意味にもっとも近いものを (a) ～ (d) からそれぞれ 1 つ選びなさい。

(1)　(a)　eat up　　　(b)　feed on
　　　(c)　open up　　(d)　go over

(2)　(a)　comforting　　　　(b)　exciting

　　　(c)　sickening　　　　(d)　surrounding

(3)　(a)　boast of　　　　　(b)　long for

　　　(c)　object to　　　　(d)　worry about

(4)　(a)　came up　　　　　(b)　made up

　　　(c)　turned out　　　　(d)　worked out

(5)　(a)　breakability　　　　(b)　flavor

　　　(c)　intensity　　　　(d)　softness

設問2 空所（ア）〜（イ）を埋めるのにもっとも適当なものを（a）〜（d）か
らそれぞれ1つ選びなさい。

（ア）　(a)　flood　　　　　(b)　flooded

　　　　(c)　flooding　　　　(d)　to flood

（イ）　(a)　assumption　　　(b)　enjoyment

　　　　(c)　information　　　(d)　knowledge

設問3 次の1.〜5.について、本文の内容に合うものはTを、合わないもの
はFを書きなさい。

1. The intellectual programs of Radio 4 are more effective in losing weight than TV dinners or Paul McCartney on the kitchen stereo.

2. Psychologists in the US believe that people eat less after they are told that they are eating a crunchy snack.

3. Dr. Mohr's findings suggest that people who would like to lose weight should pay close attention to the sound of their own chewing.

4. Dr. Mohr's group was unsuccessful in proving that giving people written notification of food crispiness can make them eat less.

5. Dr. Mohr's group confirmed previous research results about the relationship between food sound and how much people eat.

設問4 下線部（A）を英語に直しなさい。

1 社会論

2 社会論

3 医学

4 哲学

5 論理学

6 歴史

7 IT・テクノロジー

8 心理学

9 健康

10 哲学

制限時間20分／376 words／解答：本冊p.116

次の文章を読み、下の設問 **1** ～ **3** に答えなさい。

Considering its history, you'd have thought that by now problems with *nothing* were a thing of the past, sorted out well before the end of the seventeenth century, and that thereafter *nothing* was nothing to talk about and certainly nothing to worry about.

5　Apparently not. (1)Far from it, in fact. Not only does *nothing* remain a mystery, but (and possibly because of it) — *nothing* also keeps on making an appearance in virtually every walk of life, even when we don't notice.

But then how could we notice *nothing*? That, surely, is the point of
10　nothing: it is ... nothing. Yet there it is, alive and well, and still, obstinately, as far away as ever from being understood, despite our advances in ology, and most spectacularly our ability to gather information and knowledge. In some way, in fact, it is more of a mystery, precisely because we know so much about everything else.
15　(2)Since it follows that the more we know, the less we don't know, we are left with one of those strange paradox that the more we know about everything, the less we know about *nothing*.

And let's face it: *nothing* just doesn't make sense, and because of that it's more than annoying — an affront to those who are
20　endeavoring to understand the world.

If in the past the powers-that-be discouraged people to even think about it, today *nothing* is well out of the closet. (　ア　) out from the recesses of forbidden thought to an honored place within the hallowed halls of philosophy and religion, and finally into the wide world, *nothing* has been widely taken on board by the arts, almost to the point of obsession. Whether in film, television, music, literature, theatre or visual art, the search for *nothing* (and so to understand it) is there, sometimes on the surface, at other times below, as if *nothing* is the holy grail through which everything will be better understood.

For the arts, *nothing* seems to be the last frontier, the one windmill that blocks the way to depicting everything, the ultimate mystery that needs to be solved. With everyone trying to disprove King Lear's dark prediction that "nothing will come of nothing," *nothing* is thought about, laughed about, written about, (イ) about, painted and fashioned.

1 下線部(1)を、Far from it のit が指す内容が具体的にわかるように和訳しなさい。

2 下線部(2)を和訳しなさい。

3 空欄(ア)および(イ)に入れるのに最も適切な語を以下の中から選び、必要であれば正しい形に変えて記入しなさい。ただし、同じ語は1度しか使用してはならない。

sing   annoy   bring   hide

レベル別 英語長文 問題

Solution
ソリューション

3
トップレベル

スタディサプリ
英語講師
肘井 学
Gaku Hijii

かんき出版

　"新時代の英語長文集を作ること"、これが本シリーズの最大のテーマです。新しい時代の象徴ともいえる共通テストでは、リーディングとリスニングの配点が同じになります。これが意味しているところは、**従来よりもリスニングが重要視される**ということです。したがって、リーディングだけに偏（かたよ）った勉強をしてはいけません。本シリーズでは、**リーディングと同時に、リスニング力も必ず高められる構成**にしました。

　100語程度では、文章の起承転結がつかめません。一方で、700語程度まで行くと、長すぎて音読するには不適切な語数になってしまいます。本シリーズでは、**音読に最適な200〜300前後の語数の長文を揃（そろ）えること**を徹底しました。

　同時に、"**本書で訓練をつめば、誰でもリーディングが必ず得意になるように**"というテーマも大切にしました。

　自分自身はもとより、今まで教えてきた何万人という生徒が証明してくれています。英語力を高める最短にして、最も効率の良い学習方法は、やはり"音読"です。本書では、音読用白文を解説に用意したので、大問１つ終えるごとに、必ず**10回音読**をしてください。**音声ダウンロード付き**なので、音声の後に続けて音読することで、同時に**リスニング力**も身に付きます。

　本シリーズの英文を何度も音読することで、リーディングとリスニングは必ず得意になります。１講ごとの"**音読10回**"、単語の暗記、これをしっかりやることで、**自分の人生を自らの手で変えてみてください。**

肘井　学

目　次

本シリーズの特長

特長その❶ 4種類のポイントで万全の英語力が身に付く!

本書では、一文一文の理解に役立つ 構文 POINT 、文と文のつながりを見抜く 論理 POINT 、問題の解き方がわかる 解法 POINT 、語彙の本質に強くなる 語彙 POINT と、4種類のPOINTで体系化してあらゆる角度から英語力を向上させていきます(p.8〜p.9参照)。

特長その❷ 文構造がひと目でわかる構文図解付き!

構文図解で、**SVOCM**の記号を使って、解釈の手助けをします。必要に応じて、▲マークで、**細かい文法事項もメモを入れており**、**独学でも疑問を残しません**。これと全訳を照らし合わせて、問題を解き終わった後に、**一文一文丁寧に構文把握**をします。

特長その❸ 音読用白文・リスニング強化の音声ダウンロード付き!

音読用の白文を掲載しています。**音声ダウンロード**を利用して、音声の後に英文の音読を続けて、**リスニング強化・正確な発音習得**にも役立ててください。問題を解く ⇒ 解説を読む ⇒ 構文把握する ⇒ 単語を覚えた後の**音読10回を必ず行ってください**。

特長その❹ 単語帳代わりになる語彙リスト付き!

本書では、本文訳の下に**語彙リスト**を掲載しています。必ず、**出てきた単語をその場で覚えて**ください。

特長その❺ 背景知識が広がるコラム付き!

背景知識としてあると、**英文を読むのが非常に楽になる**ものを、コラムで紹介しています。自由英作文にはもちろん、他科目にも有効な一生モノの知識が詰まっています。**すべての英文に、背景知識が広がるコラム**を設けました。

最新のテーマと普遍的なテーマをバランスよく厳選！

　最新の頻出テーマである「**IT・テクノロジー**」分野の「**EV車のLEAF**」から「**solitudeとlonelinessの違い**」や「**無知に訴える論証**」など、時代を問わずに通用する普遍的なテーマをバランスよくそろえました。将来の教養として、興味深い題材がそろっています。

特長その❼ 国公立・私立と文系・理系のバランスのとれた題材！

　志望大学に左右されない確かな英語力を養うために、出典を**国公立大学と私立大学からバランスよく選びました**。トップレベルなので、出典は私立大学が早稲田中心に、国公立大学は東大、京大をはじめとした難関国公立大の出典となっています。同時に、**文系と理系の両方に精通できる**ように、バランス良く英文をそろえています。

特長その❽ マーク式・記述式の豊富な問題形式・良問揃いの構成！

　どの形式でも対応できる英語力を付けるために、**マーク式と記述式の問題をバランスよく配置**しました。さらに、実際の入試問題から、**悪問や奇問を外して、良問をそろえました**。

特長その❾ 音読に最適な300語前後の英文を厳選

　本書で推奨する**音読10回**を必ずやり遂げるために、**音読に最適な300語前後の英文**をそろえました。100語前後だと、文章として起承転結がなくなることや、700語前後では長すぎて音読には適していないので、新時代の英語長文集として、音読がしやすい語数で英文をそろえました。

4種類のPOINT

構文 POINT

論理 POINT

解法 POINT

　スタンダードレベル、ハイレベルでは解法POINTを掲載していますが、トップレベルでは、基本的な解法はハイレベルまでで学習しているものとみなし、特別にPOINTとしては扱いません。

語彙 POINT

本シリーズの使い方

① 問題を解く

各問題には、制限時間を設けています。それを参考に、**1題15分〜20分程度**で、本番を想定して問題を解きます。

↓

② 解答・解説を見て答え合わせをする

悪問・奇問の類は外しています。**4つのポイント**を中心に解説を読み進めてください。**解答の根拠となる部分は太字で示しています。**

↓

③ 英文全体の構文把握や意味を理解する

構文図解と全訳を参考にして、全文を理解します。**主語と動詞の把握、修飾語のカタマリと役割を把握**して、**全文の構文**を取っていきます。

↓

④ 知らない単語を必ず覚える

語彙リストを利用して、**英語・日本語セットで3回書いて、10回唱えて**ください。単語学習のコツは、何度も繰り返すことです。

↓

⑤ 音声を聞きながら、後に続けて音読を10回する

音声を、右ページを参考にダウンロードして、**音声を流した後に、テキストを見ながら10回音読**をします。句や節といった意味の切れ目を意識して、音読してください。10回目に近付くにつれて、**英語を英語のまま理解できる、いわゆる英語脳に近付く**ことができます。

本シリーズのレベル設定

　本シリーズは、現状の学力に見合った学習を促すために、下記の表のように、細かいレベル分けをしています。

スタンダード レベル	日本大、東洋大、駒沢大、専修大や、京都産業大、近畿大、甲南大、龍谷大などを代表とした私立大学を目指す人、共通テストでの平均点以上や地方国公立大を目指す人。
ハイレベル	学習院大、明治大、青山学院大、立教大、中央大、法政大や、関西大、関西学院大、同志社大、立命館大などの難関私大を目指す人。共通テストでの高得点や上位国公立大を目指す人。
トップレベル	早稲田大、慶応大、上智大、東京理科大などの最難関私大を目指す人。共通テストで満点や、北大、東北大、東京大、名古屋大、京都大、大阪大、九州大などの難関国公立大を目指す人。

難易度のレベルには変動があり、あくまでも目安です。

音声ダウンロードの方法

ヘッドフォンマークの中の番号は音声ファイル内のトラック番号です。以下の手順でダウンロードしてお使いください。

1　パソコンかスマートフォンで、右のQRコードを読み取るか https://audiobook.jp/exchange/kanki にアクセスしてください。

2　表示されたページから、audiobook.jpへの会員登録（無料）ページに進みます。すでにアカウントをお持ちの方はログインしてください。

3　会員登録後、1のページに再度アクセスし、シリアルコード入力欄に「30140」を入力して送信してください。もし、1のページがわからなくなってしまったら、一度 audiobook.jpのページを閉じ、再度手順1からやり直してください。

4　「ライブラリに追加」をクリックします。

5　スマートフォンの場合は「audiobook.jp」をインストールしてご利用ください。パソコンの場合は「ライブラリ」から音声ファイルをダウンロードしてご利用ください。

※音声ダウンロードについてのお問合せ先：info@febe.jp（受付時間：平日10時〜20時）

● 句と節について

句と節とは、両方とも**意味のカタマリ**と思ってくれれば大丈夫です。例えば、When he woke up, the class was over. では、When he woke upまでが1つの意味のカタマリで、そこにhe woke upという**SVの文構造がある**と、**節**といいます。かつWhen he woke upはwasを修飾する副詞の働きをしているので、**副詞節**といいます。

それから、I like to read comics. という文では、to read comicsが「漫画を読むこと」という意味のカタマリを作っており、そこに**SVがないので**、**句**といいます。かつto read comicsは「漫画を読むこと」という名詞のカタマリなので、**名詞句**といいます。

節は、**名詞節・形容詞節・副詞節**、句は**名詞句・形容詞句・副詞句**と、意味のカタマリで分類すると、6種類の意味のカタマリがあります。

● カッコについて

名詞のカタマリ（名詞句・名詞節）は< >で表します。形容詞のカタマリ（形容詞句・形容詞節）は（ ）で表し、前の名詞を修飾します。副詞のカタマリ（副詞句・副詞節）は[ ]で表し、動詞を修飾します。

● 文の要素について

英文の各パーツを理解するために、**S（主語）、V（動詞）、O（目的語）、C（補語）、そしてM（修飾語）**という5つの記号で、文の要素として振り分けます。無理にこの5つに当てはめないほうがいい場合は、何も記号を振りません。

Sは、I go to school. のIのような**日本語の「〜は・が」**に当たる部分です。**V**は、goのような**日本語の「〜する」**に当たる部分です。**O**はI like soccer. のsoccerのような**動詞の目的語**などのことです。**C**は、I am a teacher. のa teacherのように、**主語やときに目的語の補足説明**をする記号です。

● 品詞について

　名詞・形容詞・副詞・前置詞が役割をおさえるべき主要な品詞です。**名詞**は、I like soccer.のように、Iという名詞が**文のS**になったり、soccerという名詞が**文のO**になったり、I am a teacher.のa teacherのように**C**になります。**名詞は文のS・O・Cのいずれかになります。**

　形容詞は、a cute girlのcuteのように**名詞を修飾**するか、He is old.のoldのように**補語**になります。**形容詞は、名詞を修飾するか文の補語になるかのいずれかです。**

　副詞は、very goodのveryのようにうしろの**副詞**や**形容詞を修飾**します。You can see the world clearly.のclearlyのように「はっきりと見える」と**動詞を修飾**したり、Clearly, you need to exercise.のClearlyのように「明らかに、あなたは運動する必要がある」と、**文を修飾**したりします。**副詞は名詞以外の形容詞・副詞・動詞・文を修飾します。**

　前置詞は、The train for Osaka will arrive at nine.のforのように、for Osaka「大阪行きの」という**形容詞のカタマリ**を作って前の名詞**The train**を修飾するか、atのようにat nine「9時に」という**副詞のカタマリ**を作って動詞**arrive**を修飾します。**前置詞は形容詞のカタマリと副詞のカタマリを作ります。**

● 具体と抽象について

抽象とは、簡単に言うと、**まとめ・まとまり**のことです。それを、**具体例**を用いて説明していくのが、英語の最もよくある論理展開です。例えば、

「彼は、**複数の言語**を話すことができる」

「例えば、**日本語・英語・中国語**など」

上の例では、「**（彼の話すことのできる）複数の言語**」が**抽象表現**で、「**日本語・英語・中国語**」が**具体例**です。このつながりが見えてくると、英語長文の理解がグンと深まります。

● 因果関係について

因果関係とは、**原因と結果の関係**のことです。英語の世界では、**こういった原因から、この結果が生まれたという因果関係をとても重要視**します。例えば、「昨日とても夜遅くに寝た」という原因から、「今日はとても眠い」という結果が生まれます。

● 関係詞

関係代名詞（which, who, that, what）と**関係副詞**（when, where, why, how）があります。基本は、**形容詞のカタマリを作って前の名詞を説明する働きが**あります。例えば、

This is the book **which I like the best**.

「これは私が一番好きな本です」

のように、the book に which 以下で説明を加えています。

● 不定詞

to ＋ 動詞の原形を不定詞といいます。S・O・C で使う**名詞的用法「〜すること」**、名詞を修飾する**形容詞的用法「〜する（ための）」**、動詞を修飾する**副詞的用法「〜するために」**があります。例えば、

I want something hot **to drink**.

「温かい飲み物がほしい」

の **to drink** が**不定詞の形容詞的用法**で、something hot「温かいもの」を修飾しています。

● 分詞と分詞構文

　分詞には、**現在分詞**（doing）と**過去分詞**（done）があります。**形容詞として使用**すると、the window **broken** by the boy「その少年が割った窓」のように、**名詞の後ろにおいて説明を加えます**。

　一方で、**分詞を副詞として使用**すると、**分詞構文**になります。全部で3パターンあり、① Doing（Done）～, SV.、② S, doing（done）～, V.、③ SV ～, doing（done）.... です。例えば、

Seeing the policeman, the man ran away.
「警官を見ると、その男は逃げ去った」
の Seeing ～ が分詞構文で、「～すると」と接続詞を補って訳します。

非言語コミュニケーション

別冊p.2／制限時間20分／351 words

解答

| 1. | c | 2. | d | 3. | d | 4. | a | 5. | b |
| 6. | d | 7. | a | 8. | c | 9. | a | 10. | b |

解説

1.

空欄Aに入る最も適した表現を選びなさい。
a. ～には予測できない　　b. ～で同一の
c. ～に特定の　　　　　　d. ～と矛盾した

　空欄Aを含む文の次の文が、「**個人主義寄りの文化の表現ルールでは、他人の前で恥を表すことをよしとしない一方で、集団主義寄りの文化の表現ルールでは、それを許容して、助長さえする**」と、表現ルールがそれぞれの文化に特有のものである具体例となるので、**c. particular to**「～に特定の」が正解とわかる。

2.

下線部(1)を最もよく言い換えたものは次のどれか。
a. 人々が行動したり振る舞ったりする普通ではない方法
b. 人々が感情を表現する独特の方法
c. 個人が特定の文化で有する権利
d. 人々が予期される標準的な行動様式

　下線部(1) **norms**は「**基準**」という意味。a. unusual way「普通ではない方法」、b. a unique way「独特の方法」、c. a right「権利」といずれも合致しない。**d. a standard way**「標準的な方法」と合致する。ここでの「基準」とは、「**文化によって期待される感情表現の基準**」なので、**d**が正解。

下線部(2)を最もよく言い換えたものは次のどれか。

a. 絶対に　　b. 明確に　　c. 特に　　d. 一般的に

　下線部(2) **typically**「**典型的に**」とは、「**一般的によくあるように**」の意味なので、**d. generally**「**一般的に**」が正解。

語彙 POINT ❶　**generally**「一般的に」のパラフレーズ

　言い換え問題で、よく狙われる単語の1つです。**generally**「**一般的に**」と同義語で狙われるものは、**usually**「**通常は**」、**normally**「**通常は**」が頻出です。本問の**typically**「**典型的に**」もあわせておさえておきましょう。

4.

下線部(3)を最もよく言い換えたものは次のどれか。

a. 制限されていない　　　　b. 誠実ではない

c. リラックスしていない　　d. 深刻ではない

　下線部(3) **uninhibited**は、**inhibit**「**禁止する**」に否定の意味の**un**を付けて「**禁止されていない**」＝「**制限されていない**」と解釈して、**a. not restrained**「**制限されていない**」が正解。

1 社会論

2 社会論

3 医学

4 哲学

5 論理学

6 歴史

7 IT・テクノロジー

8 心理学

9 健康

10 哲学

5.

下線部(4)を最もよく言い換えたものは次のどれか。

a. 他人を侮辱する傾向にある

b. 他人のパーソナルスペースに入りこむ傾向がある

c. 他人に交代させない傾向にある

d. 他人に敬意を示す傾向にある

　下線部(4) invasive「侵入する」を含む文は、「**しかし、世界の他の場所では、直接目をじっと見ることは、侵入したり、敬意を欠いていたりするとみなされる**」で、ここでの「侵入」とは「プライバシーに立ち入ること」の意味なので、**b**が正解。

. . . .

6.

空欄Bに入る最も適した表現を選びなさい。

a. 近い　　　b. 後ろの　　　c. 中間で　　　**d. 離れて**

　空欄Bを含む文は、「（　B　）**立っている人は、奇妙で疑わしく思われるかもしれない**」で、セミコロンを挟んだ前の文「他の文化では、話している間に、見知らぬ人が**触れるほどお互いのすぐ近くに立っていることが標準的だ**」と対比構造になっているのがわかるので、**d. apart**「**離れて**」が正解。セミコロンの働きに着目する。

論理 POINT ❶　セミコロンは万能接続詞

　；（セミコロン）は、万能接続詞とも言われるもので、文脈によって**順接のand**や**逆接のbut**、因果関係の**for**「というのは〜だから」の意味で、前後の文を接続します。

　（例文）

　We have to go home; it is going to rain.

　訳　家に帰らないと。雨が降りそうだ。

　上の例文でも、**セミコロンはfor**「**というのは〜だから**」の意味で、前後を因果関係で接続しています。

. . . .

　第1段落によると、ポール・エクマンと同僚が行った研究によってわかったのは

　　a. 個人が感情を表現する方法を形成するのに、文化が一定の役割を果たす。
　　b. 感情表現は、異なる文化を越えて普遍的だ。
　　c. 恥を表すことは、文化における個人主義の特徴だ。
　　d. 集団主義の文化に属する人は、感情を表現することをやめさせられる。

　第1段落第2文「表現ルールは個々の文化に特有のもので、それによって、人がどんな種類の感情表現を示すことになるかが規定される」と**a**が合致。

　bはこの文と正反対の内容なので不適。

　cは、同段落第3文「**個人主義寄りの文化**の表現ルールでは、他人の前で恥を表すことをよしとしない」と不一致。

　dは、同段落第3文「**集団主義寄りの文化**の表現ルールでは、他人の前で恥を表すことを許容して、助長さえする」と不一致。

　第2段落によると、感情表現の観点でのアメリカと日本文化の違いは、
　　a. 日本人女性はアメリカ人女性よりも頻繁に泣く。
　　b. アメリカ人女性は、日本人女性よりも間接的にネガティブな感情を示す。
　　c. 日本人はアメリカ人よりも顔の表情が少ない傾向にある。
　　d. 日本人女性は、アメリカ人女性よりも人前で笑うことが期待される。

　第2段落最終文「日本の基準では、一般的に西洋よりも表情を表に出すのは少ない」と**c**が合致。

　a、bは本文に記述なし。

　dは、同段落第3文「**日本の女性は**、たいてい手で大きく**笑うのを隠す習性がある**のに対して、**西洋の女性は、自由によく笑うことが許容されており**、実際には助長されてすらいる」と不一致。

1 社会論
2 社会論
3 医学
4 哲学
5 論理学
6 歴史
7 IT・テクノロジー
8 心理学
9 健康
10 哲学

第3段落によると、アメリカ文化では、

a. 話す人の目が見えないと、人は不快に感じる。
b. 敬意をより示すことができるので、話すときにサングラスをかける傾向にある。
c. 話しているときに直接目を見つめるのは、失礼にあたる。
d. 話しているときにサングラスをかけているのは、人を落ち着かせるための方法だ。

　第3段落第4文「アメリカ文化では、暗いサングラスをかけている人と話すと、**戸惑いを感じてしまう**」と**a**が合致。**この文のspeak to someone who is wearing dark sunglassesとaのif the speaker's eyes are not visible、disconcerting「戸惑いを感じる」と uncomfortable「不快な」がパラフレーズされていること**に注意する。

　bと**d**は本文に記述なし。

　cは、**第3段落第4文**「アメリカ文化では、人は、**話しているときに目を見ないと、怪しく見える**」と不一致。

- -

10

第4段落によると、

a. アメリカでは、話している人とスペースを保つのは、奇妙だと思われる。
b. 一部の文化では、話しているときにアメリカよりも狭いスペースを取る傾向にある。
c. 話しているときに他人にパーソナルスペースを与えることは、一般的に敬意を示しているとみなされる。
d. 一部の文化では、話しているときにアメリカよりも多くのスペースを取る傾向にある。

　第4段落第4文「例えば、**ほとんどのアメリカ人は、自分のまわりの半径数フィートのかすかなオープンスペースを作ることを望む**」と、**同段落第5文**「**対照的に他の文化では、話している間に、見知らぬ人が触れるほどお互いのすぐ近くに立っていることが標準的なこともある**」と**b**が合致。

　a、dはこの文と不一致。

　cは**同段落第3文**「標準的なパーソナルスペースの概念は、文化で大きく異なる」と不一致。

論理 POINT ❷ 対比構造を作る表現

　一般的な対比構造を作り出せる表現をまとめます。これらの表現を見たら、**何と何がどんな点で対比されているのか**を考えましょう。
on the other hand ／ while ／ whereas「一方で」
in contrast ／ in comparison「対照的に」
but ／ however ／ yet「しかし」
nevertheless「それにもかかわらず」

　この問題でも、第4段落第5文の **in comparison**「対照的に」が**対比構造**を作り出し、「アメリカ人が自分の周囲にスペースを取ることを望む」のと「他の文化では、触れるほど近くに立って話すのが標準的なこともある」の対比に気付くと、容易に**b**が正解とわかる。

[For decades], Paul Ekman and his colleagues have studied the
　　 M　　　　　　　　 S　　　　　　　　　　 V　　　 O
influence (of culture on the facial display of emotions). They have
　　　　　　　　　　　　 M　　　　　　　　　　　　　　 S　 V
concluded ＜that display rules are particular to each culture and
　　　　　　　 名詞節のthat　　　　 O　　　　　 are particular 〜と dictate 〜の接続
dictate what kinds of emotional expressions people are supposed to
　　　　　　　　　　　　　　　　　　　　　　　 「〜することになっている」
show＞. The display rules (of more individualistic cultures)
　　　　　　　　 S　　　　　　　　　　　　　 M
discourage the expression (of shame) [in front of others], [while the
　 V　　　　　　 O　　　　　　 M　　　　　 M　　　　　　　 M
display rules of more collectivistic cultures allow (or even encourage)
it].
▲
the expression of shame を指す
　Here is another example: American cultural norms typically
　 M　 V　　　 S　　　　　　　　 S　　　　　　　　　　　 M
discourage emotional displays (in men), (such as grief or crying), but
　 V　　　　　 O　　　　　　 M　　　　　　 M
allow the facial display (of such emotions) (in women). [In comparison],
　 V　　　 O　　　　 M　 grief or crying を指す M　　　　 M
[in Japan], traditional cultural rules dictate ＜that women should
　 M　　　　　　　 S　　　　　 V　　 名詞節のthat　 O
not exhibit a wide, uninhibited smile＞. Japanese women will often
　　　　 元々 a wide and uninhibited smile の表現　　 S　　　　 V
hide a wide smile [behind their hands], [whereas Western women
　 O　　　　　　 M　　　　　　　　　 M
are allowed — indeed, encouraged — to smile broadly and often].
　　　　　　　　　　　　　 be allowed to do の to do
Japanese norms lead people to cover up negative facial expressions
　 S　　　　 V　　 O　 to do
with smiles and laughter and, [in general], to display fewer facial
　　　 to cover up と to display の接続　　 M　　 to do
expressions than are displayed in the West.

本 文 訳

　何十年もの間、ポール・エクマンと同僚が、文化が顔に現れる感情表現に与える影響を研究してきた。彼らは、表現ルールは個々の文化に特有のもので、それによって、人がどんな種類の感情表現を示すことになるかが規定されるという結論に至った。個人主義寄りの文化の表現ルールでは、他人の前で恥を表すことをよしとしない一方で、集団主義寄りの文化の表現ルールでは、それを許容して、助長さえする。

　もう1つの例は、アメリカの文化の規範では、一般的に男性においては、深く悲しんだり、泣いたりという感情表現はよしとされないが、女性においては、そのような感情表現を顔に出すことは許容される。対照的に、日本の伝統的な文化のルールでは、女性が、とても自由に満面の笑顔を見せるべきではないと規定される。日本の女性は、たいてい手で大きく笑うのを隠す習性があるのに対して、西洋の女性は、自由によく笑うことが許容されており、実際には助長されてすらいる。日本の基準では、人は笑顔や笑うことでマイナスの表情を隠して、一般的に西洋よりも表情を表に出すのは少ない。

語 彙 リ ス ト

decade	名 10年	norm	名 基準
colleague	名 同僚	typically	副 典型的に
influence	名 影響	grief	名 深い悲しみ
display	名 表現	in comparison	熟 対照的に
conclude	動 結論を下す	exhibit	動 見せる
dictate	動 規定する	uninhibited	形 自由な
be supposed to	熟 ～することになっている	whereas	接 一方で
individualistic	形 個人主義の	lead O to do	動 Oに～させる
discourage	動 邪魔をする	cover up	熟 完全に覆う
shame	名 恥	in general	熟 全般的に
collectivistic	形 集団主義の		

▶ 単語10回CHECK　1 ☐　2 ☐　3 ☐　4 ☐　5 ☐　6 ☐　7 ☐　8 ☐　9 ☐　10 ☐

There are, [of course], other channels (of nonverbal communication)
M　　V　　　　　M　　　　　　　S　　　　　　　　　　M
[besides facial expressions]. These nonverbal cues are strongly
　　　　　M　　　　　　　　　other channelsを指す　S　　　　　　V
shaped [by culture]. Eye contact and gaze are particularly powerful
　M　　　　M　　　　　　　S　　　　　　　V　　　　　C
nonverbal cues, [as alluded to above]. [In American culture], people
they (eye contact and gaze) とareの省略　M　　　　　　　M　　　　　S
often become suspicious [when a person doesn't "look them in the
M　　V　　　C　　　　M　　　　　　　　形式目的語のit
eye" while speaking], and they find it disconcerting <to speak to
　　　　　　　　　　　　　　S　　V　O　　　C　　不定詞 名詞的用法　O´
he/she isの省略
someone who is wearing dark sunglasses>. However, [in other parts
　　　　　　　　　　　　　　　　　　　　　　　　　　　M
of the world], direct eye gaze is considered invasive or disrespectful.
　　　　　　　　S　　　　　V　　　　　　　C

▼facial expressions, eye contact, gaze に加えてもう１つ
Another form (of nonverbal communication) is <how people use
　S　　　　　　　M　　　　　　　V　　　　C
personal space>. Imagine <that you are talking to a person who
　　　　　　　　　V　　名詞節のthat　　　　　O
stands too close to you or too far away>; these deviations (from
　　　　too closeとtoo far awayの接続　　　　S　　　　　M
"normal" spacing) will affect your impressions (of that person).
　　　　　　　　　V　　　　O　　　　　　M
Cultures vary greatly [in what is considered normative use of
S　　　V　　M　　　　　　　　M
personal space]. [For example], most Americans like <to have a
　　　　　　　　　M　　　　　S　　　V　不定詞 名詞的用法
bubble of open space>, [a few feet in radius, surrounding them]. [In
　O　　　　　M　　　　　分詞構文、themはmost Americansを指す
comparison], [in some other cultures] it is normal for strangers
　M　　　　　　M　　　形式主語のit S V　　C　　不定詞の主語
<to stand right next to each other while speaking>, [to the point of
不定詞 名詞的用法　S´　　　they (strangers) areの省略　M
touching]; someone (who stands apart) may be considered odd or
　　　　　S　　　　　M　　　　　V　　　　　　C
suspicious.

24

1 社会論
2 社会論
3 医学
4 哲学
5 論理学
6 歴史
7 IT・テクノロジー
8 心理学
9 健康
10 哲学

//////// **本 文 訳** ////////

　もちろん、表情に加えて、非言語コミュニケーションの他の方法も存在する。こうした非言語シグナルは、文化によって強く形成されている。視線が合ったり、じっと見つめたりすることは、上で示されていたように、特に強力な非言語シグナルとなる。アメリカ文化では、人は、話しているときに目を見ないと、怪しく見えることがよくあるし、彼らは暗いサングラスをかけている人と話すと、戸惑いを感じてしまう。しかし、世界の他の場所では、直接目をじっと見ることは、プライバシーに立ち入ったり、敬意を欠いていたりするとみなされる。

　非言語コミュニケーションのもう1つの形態は、パーソナルスペースの利用方法だ。近すぎる人や遠すぎる人と自分が話していることを想像してみよう。このように「標準的な」空間から逸脱したものは、その人の印象に影響を与えるだろう。標準的なパーソナルスペースの考えは、文化で大きく異なる。例えば、ほとんどのアメリカ人は、自分のまわりの半径数フィートのかすかなオープンスペースを作ることを望む。対照的に、他の文化では、話している間に、見知らぬ人が触れるほどお互いのすぐ近くに立っていることが標準的なこともある。離れて立っている人は、奇妙で疑わしく思われるかもしれない。

//////// **語 彙 リ ス ト** ////////

channel	名 経路	invasive	形 侵入する
nonverbal	形 非言語の	deviation	名 逸脱
gaze	名 凝視	normative	形 標準の
cue	名 手がかり	a bubble of	熟 かすかな
allude	動 ほのめかす	radius	名 半径
suspicious	形 疑って	stranger	名 見知らぬ人
look A in the eye	熟 Aの目を見る	to the point of ~	熟 ~なまでに
disconcerting	形 混乱させる	odd	形 奇妙な

▶ 単語10回CHECK　1　2　3　4　5　6　7　8　9　10

For decades, Paul Ekman and his colleagues have studied the influence of culture on the facial display of emotions. They have concluded that display rules are particular to each culture and dictate what kinds of emotional expressions people are supposed to show. The display rules of more individualistic cultures discourage the expression of shame in front of others, while the display rules of more collectivistic cultures allow (or even encourage) it.

Here is another example: American cultural norms typically discourage emotional displays in men, such as grief or crying, but allow the facial display of such emotions in women. In comparison, in Japan, traditional cultural rules dictate that women should not exhibit a wide, uninhibited smile. Japanese women will often hide a wide smile behind their hands, whereas Western women are allowed — indeed, encouraged — to smile broadly and often. Japanese norms lead people to cover up negative facial expressions with smiles and laughter and, in general, to display fewer facial expressions than are displayed in the West.

There are, of course, other channels of nonverbal communication besides facial expressions. These nonverbal cues are strongly shaped by culture. Eye contact and gaze are particularly powerful nonverbal cues, as alluded to above. In American culture, people often become suspicious when a person doesn't "look them in the eye" while speaking, and they find it disconcerting to speak to someone who is wearing dark sunglasses. However, in other parts of the world, direct eye gaze is considered invasive or disrespectful.

Another form of nonverbal communication is how people use personal space. Imagine that you are talking to a person who stands too close to you or too far away; these deviations from "normal" spacing will affect your impressions of that person. Cultures vary greatly in what is considered normative use of personal space. For example, most Americans like to have a bubble of open space, a few feet in radius, surrounding them. In comparison, in some other cultures it is normal for strangers to stand right next to each other while speaking, to the point of touching; someone who stands apart may be considered odd or suspicious.

▶ 10回音読CHECK　1　2　3　4　5　6　7　8　9　10

メラビアンの法則

　本文では、非言語コミュニケーションの例として、表情、アイコンタクト、凝視、そしてパーソナルスペースの使い方があげられていました。コミュニケーションを大きく2つに分けると、手紙、メール、声などによる言語コミュニケーションと、表情、身振り、視線などの非言語コミュニケーションに分けられますが、皆さんはどちらが重要だと思いますか？

　アメリカの心理学者アルバート・メラビアンによって1971年に発表された、「メラビアンの法則」と呼ばれるものがあります。

　この法則によると、コミュニケーションを取る際に、受け取る情報の全体を100%とすると、相手が話す「言語情報」からはたったの7%、声のトーンや口調、大きさ、話す速さなどの「聴覚情報」からは38%、そして相手のジェスチャーや視線、表情といった「視覚情報」から最も大きい55%の情報を受けています。

　すなわち、言語メッセージは全体のたった7%、非言語メッセージが全体の93%と、言語メッセージよりも非言語メッセージのほうが、はるかに影響力が強いことがわかります。

　これからは、誰かに何かを伝える際は、言葉の内容以上に「視覚情報」にあたる視線、身振り、笑顔に代表される表情を最も重視して、次に「聴覚情報」にあたる声のトーン、大きさ、スピードなどを重視してみるといいのかもしれません。

1 社会論
2 社会論
3 医学
4 哲学
5 論理学
6 歴史
7 IT・テクノロジー
8 心理学
9 健康
10 哲学

解答

問1 （オ）

問2 雌ライオンが、獲物を狙って熱心に眺めながら群れの端にいたとしても、レイヨウは草を食べに戻るまで、神経質になったとしても、ライオンをちらっと見る程度しかしない状況のこと。

問3 B

問4 現状だけではなく、その可能性を考えられることに、はっきりとした生存上の利益がある。

問5 人間が、自然淘汰の痛ましいほどゆっくりとした過程ではなくて、よくなりたいと願いながら、継続して進歩できるように自ら介入することで、新しいものへと変化していくこと。

解説

問1

　下線部(1)は、**deal with "what if?"**「～したらどうなるかに対処する」から、**仮説を立てて、将来を予測して対処する内容**とわかる。

　波線部(ア) see beyond the now「現在を越えて見る」、波線部(イ) be aware of potential circumstances and analyze consequences「可能性のある状況を意識して結果を分析する」、波線部(ウ) make decisions based on what might happen「起きる可能性があることに基づいて決定する」、波線部(エ) ponder what might be「可能性をしっかりと考える」はいずれも**将来を予測すること**なので、合致。波線部(オ) upgrade the human form「人間の形態を進化させる」は将来の予測にあたらず不一致なので、**(オ)**が正解。

問2

構文図解

[If a lioness is lying at the edge of the herd, watching intently,
　　　　M　　　　　　　　　　　　　　　　　　　　　分詞構文「～しながら」
picking out a target], this fearsome predator is likely only to be
　　　　　　　　　　a lionessを指す　　　S　　　　　　　　V
eyed briefly, [if nervously], [by its potential victims] [before
　　M　　　　it is eyedの省略　　　　　　M　　　　　　　　　M
the gazelle return to cropping the grass].

　lionessは、lionに**女性を表すess**が付ているので、正確には「**雌ラ**
イオン」の意味。他にも、prin**cess**「女王」、act**ress**「女優」、
wait**ress**「ウェイトレス」などがある。**watching ～ , picking ～ , と**
もに分詞構文で「～しながら」の意味。brieflyは「短時間」、すなわち
「ちょっと」の意味。if nervouslyは、if possible, if necessaryなどと
同様に、SVが省略されている。すでに登場したit（= this fearsome
predator）is eyedが省略されているので、「**神経質になったとしても**」
の意味。

構文 POINT ① 譲歩の if

　　ifは通常は、条件「もし～なら」の意味で使われるが、例外的に**譲**
歩「～だとしても」の意味で使われることに注意しましょう。ただ
し、譲歩のifは、通常evenがついて**even if**「たとえ～でも」となる
か、本問のように**挿入的に使われて、SVが省略されるとき**に使われ
ます。
　　（例文）
　　The company, **if problematic**, is very attractive.
　　訳 その会社は問題があるとしても、とても魅力的だ。
　　例文のように、ifの後ろにit（= the company）isが省略されて、
譲歩「～だとしても」の意味で使われています。

　文構造を正確に把握したら、この文をまとめることで、正解になる。

問3

A. 〜に共有されている　　B. 〜に存在していない
C. 〜にとって独特だ　　　D. 〜を備えていない

　空所(3)を含む文と、その後ろの文に着目する。「しかし、可能性のある状況を意識して、結果を分析して未来を投影する能力は、レイヨウには（　C　）」と、「逃げる反応が引き起こされるのは、ようやく攻撃が始まってからだ」から、**B. isn't present in** が正解。前後で因果関係が成り立っていることに注意する。「未来を予測する能力が存在しない」という原因から、「攻撃が始まったときにようやく逃げることができる」という結果に至る。後ろの文は、強調構文が使われている。

構文 POINT ❷　強調構文

> **It is only** when the attack commences **that** a flight response is triggered.
> 訳 逃げる反応が引き起こされるのは、ようやく攻撃が始まってからだ。
>
> 　強調構文は、It is A that 〜 .「〜なのはAだ」という表現です。この形は、形式主語の可能性もありますが、Aに only 〜 が入ると、強調構文と確定して構いません。ちなみに、この場合の **only** は「〜してようやく」とか「〜して初めて」の意味になります。
> （例文）
> **It is only** yesterday **that** I knew the news.
> 訳 昨日になってようやくその知らせを知った。

問4

構文図解

> $\underset{M}{\text{There are}}\ \underset{V}{\text{clear}}\ \underset{S}{\text{survival benefits}}\ \underset{M}{(\text{from being able to consider}}$
> $\underline{\text{what might be as well as what is}}).$
> 　　　　　　　▲
> 　　 B as well as A「AだけではなくBも」

　there be 構文は倒置が起きているので、文のSが clear survival benefits になることに注意する。B as well as A「AだけではなくBも」の **what might be** と **what is** はそれぞれ動詞に着目して、「可能性」と

「**現状**」と意訳する。

問5

下線部(5)を含む文は、「結果は、生物学的にユニークなものとなった」で、それより後ろの文で「生物学的にユニーク」の具体的説明が続いているので、ここをまとめれば正解。

構文図解

Human beings began ＜to turn themselves into something new,
　　S　　　　　 V　　　不定詞 名詞的用法　　　　　 O

not through the painfully slow process of natural selection but

―――――――――― not A but B「AではなくてB」――――――――――

by our own intervention＞ ― our desire（to improve）has
　　　　　　　　　　　　　　　 S　　　不定詞 形容詞的用法　 M　 V

driven us to upgrade continuously.
　　 O　to do

「自然淘汰によらずに、たえず進化させようと自ら介入することで、自分自身を新しいものに変えてきた」が正解の箇所になる。**通常の生物の進化は自然淘汰によるものだが、人間は自ら絶えず成長したいと願うことで進化してきたという点**で、**生物学的にユニーク**と言える。

Our ancestors began <to scrawl pictures on rock walls>, [to
S　　　　V　　不定詞 名詞的用法　　O　　our ancestorsを指す▼　不定詞 副詞的用法
represent in images animals that weren't present]. They drew events
in imagesがM animalsがrepresentのO、thatが関係代名詞　　　　　S　　V　　O
(that took place in the past or might happen in the future). Something
関係代名詞のthat　　　took place 〜とmight happen 〜の接続　　M　　　　S
had changed [in the way their brains functioned], something (that
V　　　　　　　M　　　　　　　同格のカンマ「すなわち」S´　関係代名詞のthat
opened up the ability to see beyond the now). [At the same time as
M　　　　　　不定詞 形容詞的用法　　　　　　M the same A as B「Bと同じA」
reacting to the world about them], these transformed creatures were
our ancestorsを指す　　　　　S　　　　　　V
able to deal with "what if?," [to dream, to plan, to anticipate]. They
O　　不定詞 副詞的用法　　　　　　　our ancestorsを指す　S
had become conscious.
V　　　　C

結果用法「そして〜」

Watch a TV documentary (set in an African game park) and the
V　　　O　　過去分詞の名詞修飾　　M　　命令文, and「〜しなさい、そうすれば…」
response (of prey animals like a herd of gazelle) [to the presence of
S　　　　M　　前置詞のlike「〜のような」　　　　　　M
predators] seems unbelievably strange [from the human viewpoint].
V　　　M　　　　C　　　　　　M
[If a lioness is lying at the edge of the herd, watching intently, picking
M　　　　　　　　　　　　　　　　分詞構文「〜しながら」
out a target], this fearsome predator is likely only to be eyed briefly,
a lionessを指す　S　　　　　V　　　　　M
[if nervously], [by its potential victims] [before the gazelle return to
it is eyedの省略 M　　　M　　prey animals like a herd of gazelleを指す　　　M
cropping the grass]. We would be thinking, "I've got a problem here.
S　　V　　　　　O
The lioness could hurt me or even kill me. I think I'll sneak away,
名詞節のthatの省略
just in case. Or at least I'll make sure there's a fatter, slower gazelle
「万が一に備えて」　　　　　　名詞節のthatの省略
between me and the lioness." But this ability (to project into the
S　　不定詞 形容詞的用法　　M
future), (to be aware of potential circumstances and analyze
不定詞 形容詞的用法　　　　　　　M
consequences), isn't present [in the gazelle].
V　　C　　　M

　私たちの先祖は、存在していない動物を具体的な形で表すために、岩の壁に絵を描き始めた。彼らは過去に起きた出来事、あるいは未来に起きる可能性のある出来事を描いた。脳の機能の中の何か、すなわち現在を越えてその先を見据える能力を開花させた何かが変化した。彼らの周囲の世界に反応するのと同時に、こうして変化した生き物は、「〜したらどうなるか」という世界に対処して、夢を見て、計画をして、予期することができた。彼らは意識を持つようになっていた。

　アフリカの自然動物保護公園を舞台にしたテレビのドキュメンタリーを見ると、捕食者の存在に対して、レイヨウの群れのような獲物の動物の反応は、人間の観点からは、信じられないほど奇妙に思える。雌ライオンが、獲物を狙って熱心に眺めながら群れの端にいたとしても、レイヨウは、草を食べに戻るまで、神経質になったとしても、この恐ろしい捕食者をちらっと見る程度しかしない可能性がある。私たちはこう考えるだろう。「困った状況だ。ライオンが私を傷つけるか殺す可能性がある。万が一に備えて、ひそかに立ち去ろうと思う。あるいは少なくとも、私とライオンの間に、より肥えた、ゆっくりしたレイヨウがいることを確認するだろう。」しかし、可能性のある状況を意識して、結果を分析して未来を投影するこの能力は、レイヨウには存在しない。

☐ ancestor	名 先祖		☐ lie	動 存在する
☐ scrawl	動 なぐり書きをする		☐ edge	名 端
☐ represent	動 表す		☐ intently	副 熱心に
☐ see beyond	熟 〜の向こうを見る		☐ pick out	熟 選ぶ
☐ transform	動 変形させる		☐ target	名 標的
☐ creature	名 生き物		☐ fearsome	形 恐ろしい
☐ what if	熟 〜だったらどうなるか		☐ briefly	副 短時間に
☐ anticipate	動 予期する		☐ potential	形 可能性のある
☐ conscious	形 意識している		☐ victim	名 犠牲者
☐ prey	名 獲物		☐ crop	動 刈り取る
☐ herd	名 群れ		☐ sneak away	熟 ひそかに立ち去る
☐ presence	名 存在		☐ just in case	熟 万が一に備えて
☐ predator	名 捕食動物		☐ project	動 投影する
☐ viewpoint	名 観点		☐ circumstance	名 状況
☐ lioness	名 雌ライオン		☐ analyze	動 分析する

▶ 単語10回CHECK　1　2　3　4　5　6　7　8　9　10

1 社会論
2 社会論
3 医学
4 哲学
5 論理学
6 歴史
7 IT・テクノロジー
8 心理学
9 健康
10 哲学

It is only when the attack commences that a flight response is
強調構文（**It is A that ～.**）
triggered.

There are clear survival benefits (from being able to consider what
M　V　　　　　S　　　　　　　　　　　　　　　M
might be as well as what is). It gave humans the ability (to assess
B as well as A「AだけではなくBも」　S　V　　O₁　　　O₂　　不定詞 形容詞的用法
risk, to make decisions based on what might happen), [rather than
B rather than A「AというよりむしろB」
reacting solely to the immediate threat]. ＜Seeing beyond the now＞
動名詞　　　　　　S
brought us literature and religion, science and civilization. Yet
V　　O₁　　　O₂　　　　　関係代名詞　　　　　　　　「しかし」
perhaps the greatest benefit (that would come from this change) was
M　　　　　S　　　　　　M　　未来の可能性を考えられるようになったこと　V
the realization (that we ourselves could become different in the
C　　　　　同格の that　　　　M
future). [Thanks to the ability to ponder what might be], our
M　　　　　　不定詞 形容詞的用法　　　　　　　　S
predecessors were able to think, "I want to be different from the way
V　　　　　　　O　　　　　the way SV「SがVする様子」
I am now," [kickstarting the urge to upgrade the human form].
分詞構文「（そして）～」　　　　　M
The result was something (biologically unique). Human beings
S　　　V　　C　　　　　　M　　　　　　　S
began ＜to turn themselves into something new, not through the
V　　不定詞 名詞的用法　　　　　O
painfully slow process of natural selection but by our own
not A but B「AではなくてB」
intervention＞ — our desire (to improve) has driven us to upgrade
S 不定詞 形容詞的用法 M　　V　　O to do
continuously.

逃げる反応が引き起こされるのは、ようやく攻撃が始まってからだ。

　現状だけではなく、その可能性を考えられることに、はっきりとした生存上の利益がある。それによって、人間はリスクを精査して、目の前の脅威だけに反応するよりも、起きる可能性のあることに基づいて、決定することができる。今を越えて先を見通すことで、文学や宗教、化学や文明が私たちにもたらされた。しかし、この変化から生じる最大の恩恵は、私たち自身が将来異なるものになる可能性があることに気付くことだった。可能性をしっかりと考えられるおかげで、私たちの祖先は、「今の自分とは異なる存在になりたい」と考えることができ、人間の形態を進化させる衝動を突き動かした。

　結果は、生物学的にユニークなものとなった。自然淘汰（しぜんとうた）の痛ましいほどゆっくりとした過程ではなくて、よくなりたいと願いながら継続して進化できるように自ら介入することによって、人間は新しいものへと変化していった。

☐ commence	動 始まる	☐ predecessor	名 先祖
☐ flight	名 逃走	☐ kickstart	動 活気づける
☐ trigger	動 引き起こす	☐ urge	名 衝動
☐ assess	動 評価する	☐ upgrade	動 更新する
☐ solely	副 単に	☐ biologically	副 生物学的に
☐ immediate	形 即時の	☐ unique	形 独特の
☐ threat	名 脅威	☐ turn A into B	動 AをBに変える
☐ literature	名 文学	☐ natural selection	名 自然淘汰
☐ religion	名 宗教	☐ intervention	名 介入
☐ civilization	名 文明	☐ drive o to do	動 Oを〜させる
☐ ponder	動 熟考する	☐ continuously	副 継続的に

▶ 単語10回CHECK　**1**　**2**　**3**　**4**　**5**　**6**　**7**　**8**　**9**　**10**

1 社会論
2 社会論
3 医学
4 哲学
5 論理学
6 歴史
7 IT・テクノロジー
8 心理学
9 健康
10 哲学

Our ancestors began to scrawl pictures on rock walls, to represent in images animals that weren't present. They drew events that took place in the past or might happen in the future. Something had changed in the way their brains functioned, something that opened up the ability to see beyond the now. At the same time as reacting to the world about them, these transformed creatures were able to deal with "what if?," to dream, to plan, to anticipate. They had become conscious.

Watch a TV documentary set in an African game park and the response of prey animals like a herd of gazelle to the presence of predators seems unbelievably strange from the human viewpoint. If a lioness is lying at the edge of the herd, watching intently, picking out a target, this fearsome predator is likely only to be eyed briefly, if nervously, by its potential victims before the gazelle return to cropping the grass. We would be thinking, "I've got a problem here. The lioness could hurt me or even kill me. I think I'll sneak away, just in case. Or at least I'll make sure there's a fatter, slower gazelle between me and the lioness." But this ability to project into the future, to be aware of potential circumstances and analyze consequences, isn't present in the gazelle. It is only when the attack commences that a flight response is triggered.

There are clear survival benefits from being able to consider what might be as well as what is. It gave humans the ability to assess risk, to make decisions based on what might happen, rather than reacting solely to the immediate threat. Seeing beyond the now brought us literature and religion, science and civilization. Yet perhaps the greatest benefit that would come from this change was the realization that we ourselves could become different in the future. Thanks to the ability to ponder what might be, our predecessors were able to think, "I want to be different from the way I am now," kickstarting the urge to upgrade the human form.

The result was something biologically unique. Human beings began to turn themselves into something new, not through the painfully slow process of natural selection but by our own intervention — our desire to improve has driven us to upgrade continuously.

▶ 10回音読CHECK ⌷1⌷ ⌷2⌷ ⌷3⌷ ⌷4⌷ ⌷5⌷ ⌷6⌷ ⌷7⌷ ⌷8⌷ ⌷9⌷ ⌷10⌷

BACKGROUND KNOWLEDGE
背景知識が広がるコラム
帰納法と演繹法

推論力とは、「未知の事柄に対して筋道を立てて推測し、**論理的に妥当な結論を導き出す力**」のことを指します。推論力の正体として、**帰納法**と**演繹法**という思考法があげられるでしょう。

ちょうど、本書を書いているこの瞬間、未知のウイルスであるコロナウイルスが全世界で猛威を振るっています。**中国、韓国のみならず、イタリアを皮切りに、フランス、スペイン、イギリス、アメリカなど、欧米各国を中心に、全世界で未曽有の猛威を振るっています。ここから、このウイルスのとんでもない実像をイメージすることができます。感染拡大のスピードが異常な速さであること、予防のプロである医療従事者に多くの感染者が出ていることから、今までにないほどの脅威をもつウイルスであることがわかります。**

このように、**いくつもの具体例から共通点を見出して、抽象化してイメージする思考法を帰納法**といいます。

そして、**このウイルスのとんでもない脅威がわかれば、それが東京にも影響を与えないわけがないと推論する**ことができます。ニューヨークがコロナウイルスの猛威にさらされている⇒ニューヨークと東京が人口や人口密度、都市設計が似ている⇒おそらく東京もコロナウイルスの猛威にさらされるだろうといった次第です。このように、**抽象的な命題から個別具体的にあてはめていく思考回路を演繹法**と言います。

推論力があれば、他人の判断を待たずに、自分の頭で判断して、すばやく決断することができるようになります。

1 社会論
2 社会論
3 医学
4 哲学
5 論理学
6 歴史
7 IT・テクノロジー
8 心理学
9 健康
10 哲学

医　学

カルシウム堆積量と心臓病の関係

別冊 p.10 ／ 制限時間 25 分 ／ 347 words

解答

(A) ① a　② c　③ e　④ e　⑤ a　⑥ d　⑦ b
　　 ⑧ e　⑨ b

(B) d

解説

(A)

①

　　a. 彼らが考慮に入れる要因　　　b. 彼らが尋ねられる質問
　　c. 自明のポイント　　　　　　　d. 彼らが行うテスト
　　e. 無関係の情報

　空所1の後ろの **such as** は**具体例の目印**となる。「年齢、体重、家族の病歴、そしてコレステロール値」は、「**医師が考慮に入れるあらゆる要因**」となるのでaが正解とわかる。

論理 POINT ❸ such as は具体例の目印

　一般的に B such as A「AのようなB」と訳しますが、**AはBの具体例**にあたるので、「**B、例えばA**」と訳し下すと、抽象と具体の関係を理解しながら読み進むことができます。
　（例文）
There are natural disasters, **such as** hurricanes, floods, and earthquakes.
訳 ハリケーン、洪水、地震のような自然災害がある。
　この例文でも、natural disasters の具体例が hurricanes, floods, earthquakes にあたります。

1 社会論

2 社会論

3 医学

4 哲学

5 論理学

6 歴史

7 I・T・テクノロジー

8 心理学

9 健康

10 哲学

2

a. 異なる　　　　　b. より少ない　　　c. 他の

d. よりすぐに　　　e. 困難

　空所2を含む文は、「血管内にカルシウムの蓄積があり、［　2　］心臓病リスクの要因がない人の少なくとも35%は、カルシウムや何らかのリスク要因がゼロの［　3　］と比較すると、7年間で心臓の問題が生じる可能性がほぼ4倍あるということだ」という文。すると、被験者の比較で、**他のリスクや病気などがゼロで、カルシウムの蓄積があるかないかで判断する**ので、［　2　］は、**c. other** が正解。

. . . .

3

a. ～もの　　　　　b. ～な船　　　　　c. 彼らの患者

d. ～なこれらの数字　e. ～人々

　空所3を含む文は、「血管内にカルシウムの蓄積があり、他の心臓病リスクの要因がない人の少なくとも35%は、カルシウムや何らかのリスク要因がゼロの［　3　］と比較すると、7年間で心臓の問題が生じる可能性がほぼ4倍あるということだ」から、**カルシウムの蓄積があり、他の心臓病のリスク要因がない人と、カルシウムや何らかのリスク要因がゼロの人との比較**とわかるので、**e. those who**「～人々」が正解。

. . . .

4

a. その信頼を損（そこ）ね始める

b. 真実からはより遠く離れた

c. それについて報告することがより難しく思う

d. データの出所（でどころ）がバプティスト・ヘルス・サウスフロリダ医療センターであることを疑って

e. それをもっと深刻にとらえている

　空所4を含む文は、「その相関関係（血管中のカルシウム堆積量（たいせきりょう）と心臓病）は以前から知られていたが、**バプティストで行ったような研究が注目を集めるにつれて**、医師たちは［　4　］」となる。比例の as「～につれて」がポイントで、「**注目を集めるにつれて**」**e. taking it more seriously**「それをもっと深刻にとらえている」が正解。

. . . .

5

  a. 強い骨を維持するのに、推奨量^{すいしょうりょう}を摂取する

  b. カルシウムの摂取量をすぐに減らす

  c. これらの要因の強い関係を思い出す

  d. 最大限注意して、乳製品を購入する

  e. 定期的に体の検査をする

    空所5を含む文は、「こうしたカルシウムの堆積物^{たいせきぶつ}を乳製品から注入するカルシウムとつなげる証拠はないので、[5]ことがいまだに重要だ」となる。**因果関係を作り出すso に着目すると**、so より手前の**原因**にあたる「**こうしたカルシウムの堆積物を乳製品から注入するカルシウムとつなげる証拠はない**」**から導ける結果は、カルシウムは骨を強くするような体に良い成分もあるので**、**a. get the recommended amounts to maintain strong bones**「**強い骨を維持するのに、推奨量を摂取する**」が正解となる。

....

6

  a. 徐々に取り除かれていく   b. 完全に消える

  c. 全てのつながりを断つ   **d. 道を見つける**   e. 分類を始める

    空所6を含む文は、「しかし、専門家が説明できない理由で、50歳以降で、カルシウムの堆積物が血管に通じる[6]可能性がある」となる。**逆接のbut に着目すると**、but の前は「**強い骨を維持するのに、推奨量を摂取することが重要だ**」で、それと逆接の内容に当たるのは「**カルシウムの堆積物が血管に流れ込む可能性がある**」に相当する**d. find their way into** が正解とわかる。

....

7

　a.　～ように　　b.　～すら　　c.　～から　　d.　～のもっと多く

　e.　患者

　空所7を含む文は、「一度そこに入ると、カルシウムが免疫細胞を引き寄せて、血管をかたくする可能性のある危険な血小板を形成して、心臓への血流をふさぐ可能性のあるどろっとした固まりを生み出し、心臓発作[　7　]引き起こす」となる。

　心臓発作とは、カルシウムがもたらす可能性のある弊害の中でも、最も危険な具体例にあたるので、**b. even「～すら」**が正解となる。

> ┃**論理 POINT④**┃　**even は具体例の目印**
>
> 　**even「～でさえ」、「～すら」**は、**極端な具体例の目印**となります。
> （例文）
> I am not good at computers. I can't **even** send an e-mail.
> 🈩 私はコンピューターが得意ではない。メールすら送ることができない。
> 　この例文でも、コンピューターが苦手な中でも、**非常に簡単な作業であるメールすら送れない**という具体例を挙げるので、**even**を使います。

- -

8

　a.　～に影響されて　　b.　許すこと　　c.　～以上

　d.　～より価値がある　　e.　価値がある

　空所8を含む文は、「そのリスク（カルシウムの検査をすると、少量の放射能を浴びるリスク）はそのメリット（カルシウム検査をするメリット）[　8　]ないと彼らが思ったのは、他の心臓病の指標が十分に信頼できるものだったからだ」となる。**理由の since「～ので」に着目する**と、**他の心臓病を示す指標が十分に信頼できるものなので、放射能を浴びるリスクをおかして、カルシウムの検査をする価値はない**ことから、**e. worth「価値がある」**が正解。d. outweigh は動詞で、手前の wasn't と重複するので、ここでは使えない。

- -

9

空所9を含む文は、「これから数週間後に、より多くの研究によって、50代、60代の人がコレステロールの数値［　9　］、冠動脈カルシウムの数値も知っておくべきだという考えが浸透することを期待してみよう」となる。すると、50代、60代の人たちが健康のために知っておくべき数値として、コレステロールの数値に加えて、カルシウムの数値があげられているので、**not just A but（also）B「AだけではなくB」**を作る**b. not**が正解となる。

論理 POINT ❺ not only A but also Bは追加の目印

　not only A but also Bは、**Aの情報にBの情報が追加された目印**になります。alsoが省略されることがよくあります。onlyがjustやmerelyとなることもあります。

（例文）

My daughter called out **not only** to me **but also** to my wife.

🈩 私の娘が、私だけではなく、妻にも大声で呼びかけた。

　この例文でも、娘が呼びかけた対象で、「私」に追加して「妻」をあげています。**not only A but also B**を見たら、**何に何の情報が追加されたかを確認**しましょう。

(B)

　下線部は、「ナーシルが行ったような研究は、その理論を少しずつ崩しつつある」で、「その理論」とは「放射能への被ばくを恐れて、他の心臓病の指標が信頼できたので、カルシウム検査に医師たちが乗り気ではなかった」ことなので、**d. リスクはあるが、冠動脈カルシウムのスキャンは行ったほうがよい**が正解。第4段落第4文の**過去と現在の対比を暗示するIn the pastに着目**すると、論理展開がすぐに理解できる。**第5段落第1文のButは、このIn the pastを受けての時の対比**で、「その昔、放射能への被ばくを恐れてカルシウム検査に医師たちが乗り気ではなかった」が、「（現在は）ナーシルが行ったような研究はその理論を少しずつ崩しつつある」となる。下線部直後のAnd now that ～も時の対比を発見する目印になる。

論理 POINT ⑥　in the past は時の対比の目印

　in the past や～ ago は時の対比の目印となります。「その昔（～年前）は…だったが、現在では一」となります。一方で、now が使われても、「その昔は～だが、現在では…」と時の対比の目印になります。

（例文）

He used to play tennis, but **now** he likes golf.

訳 彼はテニスが好きだったが、今はゴルフが好きだ。

　この例文も時の対比で「昔はテニスをよくしたが、現在はゴルフが好きだ」になります。**used toも時の対比**を作り、「**以前は～だった（現在は違う）**」というニュアンスがあります。

[When it comes to predicting heart trouble], doctors essentially
　　　　　　　　　　　　M　　　　　　　　　　　　　S　　　　M
play a guessing game. So [among all the factors they consider] —
V　　　　O　　　　　　　　　　　　M　　　　　　　　　　関係詞の省略
(such as a person's age, weight, family medical history and
　M　　　　　　　　　　　　　　　　　　a person's age, weight, family medical history,
　　　　　　　　　　　　　　　　　　　　cholesterol levels の接続
cholesterol levels) — it turns out <that one of the most reliable
　　　　　　　　形式主語の it S　 V　　　名詞節の that　　　　S'
indicators may also be a bit unexpected: calcium>.

[According to the latest research], [led by scientists from Baptist
　　　　　　　　M　　　　　　　　　　　　分詞構文　　　　　　M
Health South Florida medical center Miami], at least 35% (of people
　　　　　　　　　　　　　　　　　　　　　　　　　S　　　　M
who have calcium buildup in their blood vessels but no other heart-
disease risk factors) are almost four times as likely to have a heart
　　　　　　　　　　　　V　　　　　　　　　　　　　　　　　　O
event [in seven years], [compared with those who have zero calcium
　　　　　M　　　　　　　分詞構文　　M　　　　「〜する人々」
and some risk factors]. [Although the correlation was known before],
　　▼比例の as「〜につれて」　カルシウムと心臓病の相関関係　M　the correlation▼
[as studies like Baptist's gain traction], doctors are taking it more
　　　　前置詞の like「〜のような」　　　　　　　S　　 V　　O　M
seriously.

There's no evidence (connecting these calcium deposits with the
　　　M　V　　S　　　　　　分詞の名詞修飾　　　　M
calcium you ingest from dairy products), so it's still important <to
　　　　関係詞の省略　　　　　　　　　　形式主語 S V　M　　 C　　不定詞
get the recommended amounts to maintain strong bones>.　名詞的用法
　　S'　　　　　　　　　　不定詞　副詞的用法
But [for reasons experts can't explain], [after age 50], bits (of
　　　　　　関係詞の省略　　　　　　　　　M　　　　S　M
calcium) can find their way [into blood vessels].
　　　　　V　　　O　　　　　M

心臓の病気を予測することになると、医師は基本的に謎当てゲームをしている。年齢、体重、家族の病歴、そしてコレステロール値のような、医師が考慮に入れる要因の中で、最も信頼できる指標の1つは、少し予想と反するかもしれないが、カルシウムだ。

マイアミのバプティスト南フロリダ医療センターの科学者が行った最新の研究によると、血管内にカルシウムの蓄積があり、他の心臓病リスクの要因がない人の少なくとも35%は、カルシウムや何らかのリスク要因がゼロの人と比較すると、7年間で心臓の問題が生じる可能性がほぼ4倍あるということだ。その相関関係は以前から知られていたが、バプティストで行ったような研究が注目を集めるにつれて、医師たちはそれをもっと深刻にとらえている。

こうしたカルシウムの堆積物を乳製品から注入するカルシウムとつなげる証拠はないので、強い骨を維持するのに、推奨量を摂取することがいまだに重要だ。

しかし、専門家が説明できない理由で、50歳以降で、カルシウムの堆積物が血管に通じる道を見つける可能性がある。

1	社会論
2	社会論
3	医学
4	哲学
5	論理学
6	歴史
7	IT・テクノロジー
8	心理学
9	健康
10	哲学

//////// **語彙リスト** ////////

☐ when it comes to doing,	熟 ～することになると	☐ buildup	名 蓄積
☐ predict	動 予言する	☐ blood vessel	名 血管
☐ essentially	副 本質的に	☐ correlation	名 相関関係
☐ a guessing game	名 謎解きゲーム	☐ connect A with B	動 AをBと結び付ける
☐ turn out	熟 判明する	☐ deposit	名 堆積物
☐ indicator	名 指針	☐ ingest	動 注入する、摂取する
☐ latest	形 最新の	☐ dairy product	名 乳製品

▶ 単語10回CHECK **1** ☐ **2** ☐ **3** ☐ **4** ☐ **5** ☐ **6** ☐ **7** ☐ **8** ☐ **9** ☐ **10** ☐

▼bits of calcium を指す
[Once there], they attract immune cells and form dangerous plaques
M they are の省略　S　　V　　　O　　　　　　V　　　　O
(that may stiffen arteries) and generate clots (that can block blood
関係代名詞　　　　M　　　　　　　V　　O　　関係代名詞　　M
flow to the heart, even causing a heart attack). "Our data show that
　　　　　　　　分詞構文「(そして)〜」　　M　　　　　　O　　名詞節の that
the status quo is unacceptable," says Dr. Khurram Nasir, senior
　　　　　　　　　　　　　　　　V　　S　　同格のカンマ　　　S′
author of the Baptist Health study. [In the past], doctors were
　　　　　　　　　　　　　　　　　　　　　　M　　　S　　V
reluctant to test [for calcium deposits] [using a coronary-calcium
　　　　　　　　　　　　M　　　　分詞構文「〜して」　　M
scan] [because it exposes patients to a small amount of radiation].
▼doctors を指す　カルシウムの検査を指す　　M
They believed <the risk wasn't worth the benefit>, [since other
S　　V　　名詞節の that の省略　　O　　　　理由の since「〜ので」　M
heart-trouble indicators were reliable enough].

But studies (like Nasir's) are chipping away at that theory. And
S　　前置詞の like「〜のような」　V　　カルシウムの堆積物が心臓に悪影響を起こすこと
[now that new cholesterol guidelines have dropped the threshold for
now that「今や〜なので」　　　M
starting cholesterol-lowering drugs, or statins — meaning 31 million
　　　　　　　　　　　　　　　分詞構文「〜して」　名詞節の that の省略
adults could face a lifelong prescription] — more doctors are starting
　　　　　　　　　　　　　　　　　　　S　　　V
<to add tests like calcium screening to determine who really needs
不定詞 名詞的用法　前置詞の like「〜のような」O　不定詞 副詞的用法　疑問詞の名詞節「誰が〜か」
medication>. "If I see no calcium, I'm inclined to try to get that
　　　　　　　　　　　　　　　　O
patient off medicines," says Dr. Vincent Bufalino, a heart specialist
　　　　　　　　　V　　S　　同格のカンマ「すなわち」　　　S′
(in Chicago).
M

46

一度そこに入ると、カルシウムが免疫細胞を引き寄せて、血管をかたくする可能性のある危険な血小板(けっしょうばん)を形成して、心臓への血流をふさぐ可能性のあるどろっとした固まりを生み出し、心臓発作すら引き起こす。「私たちのデータが示すところでは、その現状は受け入れられていない」と、バプティスト健康研究の責任著者であるクラン・ナーシル医師は言う。過去に、医師たちが冠動脈(かんどうみゃく)カルシウムのスキャンを使って、カルシウムの堆積物を検査するのに乗り気でなかったのは、それが患者を少量の放射能にさらすからだ。そのリスクはそのメリットほどの価値がないと彼らが思ったのは、他の心臓病の指標が十分に信頼できるものだったからだ。

　しかし、ナーシルが行ったような研究は、その理論を少しずつ崩しつつある。今や、新しいコレステロールガイドラインがコレステロール値を低下させるスタチンという薬の敷(しき)居を下げて、それは3,100万人の大人が、生涯薬が処方されることに直面することを意味するので、より多くの医者が、誰が本当に医療を必要とするかを判断するのに、カルシウム検診のようなものを追加し始めている。「もし私が、カルシウムがまったく見つからないなら、その患者の薬をやめさせようとする傾向にある」とシカゴの心臓の専門家であるヴィンセント・ブッファリーノは言う。

1	社会論
2	社会論
3	**医学**
4	哲学
5	論理学
6	歴史
7	IT・テクノロジー
8	心理学
9	健康
10	哲学

語 彙 リ ス ト

☐ immune	形 免疫のある		☐ be reluctant to do	熟 ～したがらない
☐ cell	名 細胞		☐ radiation	名 放射能
☐ plaque	名 血小板		☐ chip away at	熟 少しずつ削り取る
☐ stiffen	動 かたくする		☐ now that	接 今や～なので
☐ artery	名 動脈		☐ threshold	名 敷居(しきい)
☐ generate	動 生み出す		☐ lifelong	形 生涯続く
☐ block	動 遮(さえぎ)る		☐ prescription	名 処方
☐ blood flow	名 血流		☐ screening	名 集団検診
☐ heart attack	名 心臓病		☐ medication	名 薬剤
☐ status quo	名 現状		☐ be inclined to do	熟 ～する傾向にある

▶ 単語10回CHECK　1 □ 2 □ 3 □ 4 □ 5 □ 6 □ 7 □ 8 □ 9 □ 10 □

[In the coming weeks], expect more studies to build momentum for
　　　　M　　　　　　　V　　　　　O　　　　to do
the idea that people in their 50s or 60s should know not just their
　　　　　同格のthat
cholesterol numbers but their coronary-calcium score too.
　　　　　not just A but（also）B「AだけではなくBも」

///////// 本 文 訳 /////////

　これから数週間後に、より多くの研究によって、50代、60代の人がコレステロールの数値だけではなく、冠動脈カルシウムの数値も知っておくべきだという考えが浸透することを期待してみよう。

///////// 語 彙 リ ス ト /////////

| ☐ momentum | 名 はずみ | | ☐ score | 名 点数 |

▸ 単語10回CHECK 　1　　2　　3　　4　　5　　6　　7　　8　　9　　10

When it comes to predicting heart trouble, doctors essentially play a guessing game. So among all the factors they consider — such as a person's age, weight, family medical history and cholesterol levels — it turns out that one of the most reliable indicators may also be a bit unexpected: calcium.

According to the latest research, led by scientists from Baptist Health South Florida medical center Miami, at least 35% of people who have calcium buildup in their blood vessels but no other heart-disease risk factors are almost four times as likely to have a heart event in seven years, compared with those who have zero calcium and some risk factors. Although the correlation was known before, as studies like Baptist's gain traction, doctors are taking it more seriously.

There's no evidence connecting these calcium deposits with the calcium you ingest from dairy products, so it's still important to get the recommended amounts to maintain strong bones.

But for reasons experts can't explain, after age 50, bits of calcium can find their way into blood vessels. Once there, they attract immune cells and form dangerous plaques that may stiffen arteries and generate clots that can block blood flow to the heart, even causing a heart attack. "Our data show that the status quo is unacceptable," says Dr. Khurram Nasir, senior author of the Baptist Health study. In the past, doctors were reluctant to test for calcium deposits using a coronary-calcium scan because it exposes patients to a small amount of radiation. They believed the risk wasn't worth the benefit, since other heart-trouble indicators were reliable enough.

But studies like Nasir's are chipping away at that theory. And now that new cholesterol guidelines have dropped the threshold for starting cholesterol-lowering drugs, or statins — meaning 31 million adults could face a lifelong prescription — more doctors are starting to add tests like calcium screening to determine who really needs medication. "If I see no calcium, I'm inclined to try to get that patient off medicines," says Dr. Vincent Bufalino, a heart specialist in Chicago.

In the coming weeks, expect more studies to build momentum for the idea that people in their 50s or 60s should know not just their cholesterol numbers but their coronary-calcium score too.

▶ 10回音読CHECK　1　2　3　4　5　6　7　8　9　10

1 社会論
2 社会論
3 医学
4 哲学
5 論理学
6 歴史
7 IT・テクノロジー
8 心理学
9 健康
10 哲学

BACKGROUND KNOWLEDGE
背景知識が広がるコラム

栄養素の功罪 (こうざい)

　本文では、カルシウムの罪の部分に焦点を当てて、血管内のカルシウム堆積量 (たいせきりょう) によって、心臓病の可能性を探るという内容でした。こうした記述だけ見てしまうと、**カルシウムは体に悪いのだから、摂取を控えよう**と考える人たちがいます。

　一方で、例えば魚が体に良いと聞くと、**肉を一切控えて、魚ばかり食べようとする人**たちも現れます。

　どの栄養素だろうと、**過度に摂取すれば体に悪いものになりますし、一方で適量を摂取すればこそ体に良いものとなります。**

　例えば、前述のカルシウムも、確かに過剰摂取すると、上記のような心臓病にマイナスの影響を与える害や、前立腺癌 (ぜんりつせんがん) の罹患率 (りかんりつ) が高まるという研究結果があります。一方で、適量を摂取すれば、**カルシウムには丈夫な骨や歯をつくったり、筋肉の収縮や精神を安定させたりする効能**もあります。

　前述の魚には、たしかに豊富なたんぱく質に加えて、**肉にはないDHA、EPA**という脳の血流をよくする良質な脂肪が含まれています。一方で、**マグロなどに代表される大型の魚には、海洋汚染による水銀が含まれている**という報告もあります。

　どの食材も栄養素も、**適量を摂取すること、1種類に偏らずに、バランスよく各栄養素を摂取することが重要**になります。

解答

（ア） 孤独は、感情面でそして肉体面ですら苦しいもので、幼少期の心の温かさがないことから生まれるが、その時期にこそ私たちは最もその温かさを必要としている。

（イ） 私がコーヒーを買いに行く途中で、たまたま外を見たという事実がなければ、ボストンからニューヨークへの電車の旅で、壮観な雪景色があることを知らなかっただろう。

（ウ） 私たちが自ら独りの恩恵を享受しないのは、独りが必要とする時間を、もっと有益に利用する資源とみなしてしまうからだ。

解説

（ア）

構文図解

分詞構文「（そして）～」

Loneliness is emotionally and even physically painful, ▼[born
　　S　　V　　　　　　M　　　　　　　　　　　　C

from a lack of warmth in early childhood], when we need it
　　　　　　　　M　　　　　　　　　　▲　　　　　　S　V　O
　　　　　　　　　　　　　　　「（そして）その時～」

most.
　M

　bornから分詞構文で、「孤独は、感情面でそして肉体面ですら苦しいもので、（そして）幼少期の心の温かさがないことから生じる」と訳す。, whenは「（そして）その時」と訳し下げて、itは「幼少期に最も必要とするもの」から、warmth「心の温かさ」を意味する。

(イ)

> 構文図解
>
> I wouldn't have known this [but for the fact that I happened
> S   V   O   M   同格のthat「～という」
> to look outside on my way to get a coffee].
>
> happen to do「たまたま～する」

　wouldn't have knownから仮定法過去完了とわかるので、過去の話と理解して日本語になおす。thisは、前文の「**ボストンからニューヨークへの電車の旅で、壮観な雪景色があること**」を指す。**but for**は「**～がなかったら**」の意味。thatは同格のthatで、the fact that「～という事実」。**happen to do**は「**たまたま～する**」という表現。

構文 POINT ❸ 「～がなかったら」の倒置表現

　仮定法の重要表現「**～がなかったら**」の表現は、本問のbut for以外にも、**without, if it were not for, if it had not been for**があります。特に、後ろの2つの表現は、後置されて倒置されると構文の把握が難解になるので注意しましょう。

　（例文）

　I would have come **had it not been for him**.

　訳 彼がいなかったら、行ったのに。

　この例文も、もともとif it had not been for himが倒置されて、had it not been for himと後ろに回った形なので、注意しましょう。

| 構文図解 |

We deny ourselves the benefits（of solitude）［because we see
　　S　　V　　　O₁　　　　　O₂　　　　　　M　　　　　　　　　M
the time it requires as a resource to use more profitably］.
　　　　　　▲　　　　　▲　　　　　　　　　▲
　関係詞の省略　　see A as B の as　　不定詞 形容詞的用法

deny O₁ O₂「O₁ に O₂ を与えない」という第4文型。特に **deny oneself ～** とすると、「自分自身に～を与えない」=**「～を控える」**、**「～を享受しない」**という意味になる。

the time it requires で関係詞の省略。it は solitude を指す。see A as B「A を B とみなす」が使われている。to use は不定詞の形容詞的用法。a resource to use more profitably「もっと有益に利用する資源」と訳す。

構文 POINT ❹ 第4文型の例外グループ

　第4文型をとる動詞は、ほとんどが **give「与える」**と同じグループですが、例外的にその反対の**「奪う」の意味になるもの**があります。**take, cost, save, owe, deny** です。
（例文）
①It **took** me thirty minutes to get to the station.
　訳 その駅に着くのに、30分かかった。
②It **cost** me thirty dollars to buy this bag.
　訳 このカバンを買うのに、30ドルかかった。
③Your help **saved** me a lot of trouble.
　訳 あなたが助けてくれたおかげで、たくさんの手間が省けた。
④I **owe** my father 5,000 yen.
　訳 父に5,000円借りている。
⑤She **denies** her daughter nothing.
　訳 彼女は娘に何でも与える。

　構文 POINT ❹ の例文の①は、**take O₁ O₂** で「O₁ から O₂（時間）を奪う」=**「O₁ に O₂ の時間がかかる」**、②は **cost O₁ O₂「O₁ から O₂（お金）を奪う」**=**「O₁ に O₂ のお金がかかる」**。

③は save O_1 O_2「O_1からO_2（手間）を奪う」＝「O_1のO_2が省ける」。

④は owe O_1 O_2「O_1 からO_2（お金）を奪う」＝「O_1からO_2を借りている」。

⑤は deny O_1 O_2「O_1にO_2を与えない」と、いずれも「奪う」の意味が根底に流れていることがわかる。

How can the capacity (for solitude) be cultivated? [With attention
　　　M　　　　　S　　　　　　　M　　　　　　V
and respectful conversation].
▲
attentionとrespectful conversationの接続

　Children develop the capacity (for solitude) [in the presence of an
　　S　　　V　　　　O　　　　　　　M　　　　　　　　M
attentive other]. Imagine a mother giving her two-year-old daughter
　　　　　▼give O₁ O₂のO₂　　V　　　O　　　　　C
a bath, [allowing the girl to daydream with her bath toys as she
▲　　　　分詞構文「(そして)〜」　　　　M　　　　　　　　時のas「〜するとき」▲
makes up stories and learns to be alone with her thoughts], [all the
　　　　　　　　　　名詞節のthatの省略
while knowing her mother is present and available to her].
▲　　　　　　▼
　分詞構文「〜しながら」　　　　　M
Gradually, the bath, [taken alone], becomes a time (when the child
　　M　　　S　分詞構文「〜すると」　M　　V　　　C　関係副詞　　M
is comfortable with her imagination). Attachment enables solitude.
　　　　　　　　　　　　　　　　　　　　S　　　　V　　　O

　One philosopher has a beautiful formulation: "Language ... has
　　　S　　　　V　　O　同格のコロン「すなわち」　　S　　　V
created the word 'loneliness' [to express the pain of being alone]. And
▼languageを指す　　　O　　不定詞　副詞的用法　結果用法「そして〜」　　M
it has created the word 'solitude' [to express the glory of being alone]."
S　V　　　　O　　不定詞 副詞的用法　　M　　　同格のof「〜という」
Loneliness is emotionally and even physically painful, [born from a
　S　　　V　　　　　　　　M　　　　　　　C　分詞構文「(そして)〜」
lack of warmth in early childhood], when we need it most. Solitude
　　　　M　　　　　「そしてその時〜」　S　V　O　M　　　S
— the capacity to be contentedly and constructively alone — is built
　　　不定詞 形容詞的用法　　　　S′　　　　　　　　　V
[from successful human connection] [at just that time]. But [if we
　　　　　M　　　　　　　　　　　M　　　　　　M
don't have experience with solitude] — and this is often the case
　　　　　　　　　　　　　　　solitudeを指す S V　M　　　C
today — we start <to equate loneliness and solitude>. This reflects
　M　　S　V　不定詞 名詞的用法　O　孤独と独りを同一視すること S　　V
the poverty (of our experience).
　　O　　　　　M

　独りでいる能力はどうやって育(はぐく)むことができるのか。注意と敬意を払った会話で続けていこう。

　子どもたちは、思いやりがある他者がいてくれるおかげで、独りの能力を成長させる。母親が2歳の娘をお風呂に入れて、その女の子が物語を想像して、自分の想像に浸(ひた)るようになり、その間ずっと母親がいてくれて、自分の相手をしてくれることを知りながら、お風呂のおもちゃを使って空想できるのを想像してみよう。次第に、そのお風呂に1人で入り、そこでの時間が、子どもが想像するのに快適なひと時となる。愛情が独りでいることを可能にする。

　ある哲学者の見事な表現がある。「言語は、『孤独』という言葉を使って、独りでいることの痛みを表現しようとする。そして、それは『独り』という言葉を使って、独りでいることの栄光を表現しようとする」。孤独は、感情面でそして肉体面ですら苦しいもので、幼少期の心の温かさがないことから生まれるが、その時期にこそ私たちは最もその温かさを必要としている。独りは、納得して建設的に独りでいる力で、ちょうどその時に人間関係がうまくいくことから構築されるものだ。しかし、これは今日よくあるが、私たちが独りでいる経験がないと、孤独と独りを同一視し始める。これは、私たちの経験のなさを反映している。

語 彙 リ ス ト

capacity	名 能力	attachment	名 愛情
solitude	名 独り	philosopher	名 哲学者
cultivate	動 育む	formulation	名 公式化
presence	名 存在	glory	名 栄光
attentive	形 思いやりのある	contentedly	副 満足して
daydream	動 空想する	constructively	副 建設的に
make up	動 でっちあげる	be the case	熟 当てはまる
all the while	熟 その間ずっと	equate	動 同一視する
available	形 利用できる	reflect	動 反映する
comfortable	形 快適な	poverty	名 貧困

▶ 単語10回CHECK　1 □　2 □　3 □　4 □　5 □　6 □　7 □　8 □　9 □　10 □

[If we don't know the satisfaction of solitude], we only know the
　　　　　　　　　　　　　M　　　　　　　　　　　　S　　M　　V　　　O
panic (of loneliness).
　　　　　M

　　Recently, [while I was working on my computer during a train ride
　　　　　M　　　　　　　　　　　　　　　　　　　　　　M
from Boston to New York], we passed [through a magnificent snowy
from A to B「AからBまで」　　　　S　　V　　　　　ボストンからニューヨークの電車の
　　　　　　　　　　　　　　　　　　　　　　　　　　　旅の途中に壮観な雪景色があること
landscape]. I wouldn't have known this [but for the fact that I
　　　M　　　S　　　　　　V　　　　　　　O　　　M　　　　　同格のthat「〜という」
happened to look outside on my way to get a coffee]. Then I noticed
happen to do「たまたま〜する」　　　　　　　　　　　　　　　　　M　　S　　V
<that every other adult on the train was staring at a　computer>.
　名詞節のthat　　　　　　　　　　　　　　　　　O
We deny ourselves the benefits (of solitude) [because we see the time
S　V　　O₁　　　　O₂　　　　M　　　　　　　M
it requires as a resource to use more profitably]. These days, [instead
　　　　　see A as Bのas　不定詞 形容詞的用法　　　　　　　M　　　　　　M
of using time alone to think (or not think)], we hurry [to fill it with
　　　　　不定詞 副詞的用法　　　　　　　　　　S　　V　不定詞 副詞的用法 結果用法
some digital connection].
　　　　M

////// **本 文 訳** //////

もし私たちが独りの満足感を知らないなら、孤独な状態になると、パニックに陥る<ruby>陥<rt>おちい</rt></ruby>るだけだ。

　最近になって、ボストンからニューヨークへの電車での移動中に、私がコンピューターで作業をしている間に、私たちは壮観な雪景色を通り過ぎた。私がコーヒーを買いに行く途中で、たまたま外を見たという事実がなければ、このことを知らなかっただろう。そのときに、私はこの電車の他の大人全員が、コンピューターをじっと見つめているのに気づいた。私たちが自ら独りの恩恵を享受しないのは、それが必要とする時間をもっと有益に利用する資源とみなしてしまうからだ。最近、独りで考える時間、あるいは何も考えない時間を費やす代わりに、私たちはそれを何らかのデジタルのつながりで急いで満たしてしまう。

////// **語 彙 リ ス ト** //////

☐ pass through	熟 通り過ぎる	☐ deny O₁ O₂	動 O_1 に O_2 を与えない
☐ magnificent	形 壮観な	☐ see A as B	動 AをBとみなす
☐ landscape	名 景色	☐ resource	名 資源
☐ but for	熟 ～がなかったら	☐ profitably	副 有益に
☐ happen to do	熟 たまたま～する	☐ fill A with B	動 AをBで満たす
☐ stare at	熟 じっと見る		

▸ 単語10回CHECK　1　　2　　3　　4　　5　　6　　7　　8　　9　　10

How can the capacity for solitude be cultivated? With attention and respectful conversation.

Children develop the capacity for solitude in the presence of an attentive other. Imagine a mother giving her two-year-old daughter a bath, allowing the girl to daydream with her bath toys as she makes up stories and learns to be alone with her thoughts, all the while knowing her mother is present and available to her. Gradually, the bath, taken alone, becomes a time when the child is comfortable with her imagination. Attachment enables solitude.

One philosopher has a beautiful formulation: "Language ... has created the word 'loneliness' to express the pain of being alone. And it has created the word 'solitude' to express the glory of being alone." Loneliness is emotionally and even physically painful, born from a lack of warmth in early childhood, when we need it most. Solitude — the capacity to be contentedly and constructively alone — is built from successful human connection at just that time. But if we don't have experience with solitude — and this is often the case today — we start to equate loneliness and solitude. This reflects the poverty of our experience. If we don't know the satisfaction of solitude, we only know the panic of loneliness.

Recently, while I was working on my computer during a train ride from Boston to New York, we passed through a magnificent snowy landscape. I wouldn't have known this but for the fact that I happened to look outside on my way to get a coffee. Then I noticed that every other adult on the train was staring at a computer. We deny ourselves the benefits of solitude because we see the time it requires as a resource to use more profitably. These days, instead of using time alone to think (or not think), we hurry to fill it with some digital connection.

独りは孤独ではない

　Only is not lonely.「独りは孤独じゃない」というキャッチフレーズです。作家の糸井重里さんの『ほぼ日刊糸井新聞』で取り上げられた表現ですが、僕が浪人生のときにお世話になった予備校の先生も取り上げていた印象的な言葉でした。この英文でも、「独り」を**solitude**として、「孤独」を**loneliness**と区別して、話を展開しています。

　浪人時代も、それなりに孤独ではありました。けれど、同じ高校出身の連中とお昼ご飯を食べたり、息抜きにゲームセンターに行ったり、家族と暮らしていたおかげで、そこまでの「孤独」を味わうことなく済みました。当時は、本当の意味でこの言葉を理解するには至っていませんでした。

　その後、道から外れに外れて、限りなく本当の「孤独」に近い状態を経験しました。「**孤独**」が人を狂わせること、**心身ともに苦しめること**を、実際に経験しました。そこから、人とのつながりを求めたり、またそれに辟易して離れたり、そんなことを繰り返して生きてきたものです。

　いろいろな状態を行き来して思うのは、やはり「**独り**」を知る人間は強いこと。「**独り**」でいられる人間は強いこと。「**独り**」は意識的に作り出せること。「**独り**」になることで、他の人とは違う景色が見えてくること。「**独り**」になることで、初めて本当に大切なつながりが見えてくること。

　いま「孤独」を感じている人は、安心してください。**ずっとその状態が続くわけではありません**。そして、「**孤独**」ほど人を強くしてくれるものはないこと。その「**孤独**」を乗り越えた先に、**本当に大切なつながりが見えてくること**。

　「孤独」を経験して、つながりを求めて、そこから自ら選択して「独り」を選ぶこと。もちろん、「独り」でいながら、確かなつながりを大切にすること。いろいろな状態を行き来して、少しずつ強くなり、成長していくものです。

1 社会論

2 社会論

3 医学

4 哲学

5 論理学

6 歴史

7 IT・テクノロジー

8 心理学

9 健康

10 哲学

解答

1. a **2.** c **3.** c **4.** b **5.** b

解説

1.

空所Aに入れるのに最適なのは次のうちどれか。

a. 解答義務のない選択肢　　b. 否定的な解答の選択肢
c. 肯定的な解答の選択肢　　d. 知恵を持った返答

　空所Aを含む文は、「したがって、質問への解答に、解答者に（　A　）を与えないいかなる対話構造も、賢明とは言えないだろう」という文。**前後で因果関係を作るhence「したがって」に着目する**と、前文は「**知恵の起源は、質問に対する答えが本当にわからないなら、自分が知らないことを認めることだ**」から、**a. no-commitment option「解答義務のない選択肢」**という、事実上選択ができない解答を意味する表現が正解。

論理 POINT ⑦　henceは因果関係の目印

　hence「したがって」は**因果関係を作る接続語**で、ビジネス文書や契約書などに使用する難しい単語です。その他、因果関係を作る前置詞句、副詞をまとめます。
because of ／ due to ／ owing to ／ on account of「～が原因で」
thanks to「～のおかげで」／ **as a result**「結果として」
therefore ／ thus ／ hence ／ consequently「したがって～」

2.

　無知に訴える論証の定義を満たすのは、次のどの主張か。

［Ⅰ］　命題Aは真実とは判明していないので、Aは誤りだ。

［Ⅱ］　命題Aは誤りとは判明していないので、Aは真実だ。

　　a．Ⅰだけ　　　b．Ⅱだけ　　　c．ⅠとⅡ両方　　　d．ⅠもⅡもない

　　第3段落第3文「ちょうどある命題が決して真実とは証明されないからといって、それはそれが間違いであることは意味しない」から、［Ⅰ］が合致するとわかる。次に、**第3段落最終文**「無知の状態から主張することはできない」から、［Ⅱ］も合致するとわかるので、**c**が正解。

- -

3.

　下の論証に当てはまらないのは、次のうちどれか。

[哲学者の中には、神は存在しないと証明しようとした者もいたが、失敗している。したがって、神は存在する。]

　　a．この論証は、ソクラテスの知恵と一貫していない。

　　b．その結論は、ゼルダのエリオットへの質問への回答と似ている。

　　c．「したがって、**神は存在しない**」という結論にかえてみると、その**論証は健全なものになる**。

　　d．その論証は、無知に訴える論証の事例だ。

　ソクラテスの知恵とは、無知の知、すなわち**知らないなら知らないことを認めるべきだ**ということなので、3の主張とは一貫していないので**a**は一致。

　ゼルダのエリオットへの質問への回答とは、「幽霊が存在することを証明したのは誰もいないから、幽霊は存在しない」で、3の主張は「神が存在することを証明したものがいないから、神は存在する」で、無知に訴える論証の一種なので、**b**は一致。

　cは、無知からの論証は、**その結論が3の主張のように「存在する」だろうが、cのように「存在しない」だろうが間違った論証**なので、**不一致**。

　dは、3の主張は「神が存在しないと証明しようとしたが失敗したから、神は存在しない」と、無知に訴える論証の一種なので一致。

- -

1 社会論
2 社会論
3 医学
4 哲学
5 論理学
6 歴史
7 IT・テクノロジー
8 心理学
9 健康
10 哲学

空所Bに入れるのに最適なのは次のうちどれか。

a. 適切な命題　　　b. 未解決の問題

c. 開示された問題　　d. やりがいのある問題

　空所Bを含む文は、**形式主語のitがwhether以下を指しており**、「1994年より以前は、フェルマーの最終定理を証明できないことを証明できるかどうかは、（　B　）であった」となる。**フェルマーの最終定理は、以前は証明できないことすら証明できないことの具体例として提示**されているので、**b. an open question**「**未解決の問題**」が正解。

. . . .

5.

1994年以前に、フェルマーの最終定理について、私たちは何を言えるか。

a. 証明できないから証明されなかった。

b. わかっているのは、証明するのが非常に難しいということだけだった。

c. 数学は、無知からの主張を許容しない。

d. ある命題が証明されたかどうかは、それが証明可能かどうかと類似している。

　第4段落最終文「1994年より以前は、**フェルマーの最終定理を証明できないことを証明できるかどうかは、未解決の問題であった**」から、証明することも、その定理が証明できないことの証明すら難しいものだったのでbと一致。aは、当時は証明できないことすら証明できていないので不適。cは、無知からの主張を許容しないのは数学に限った話ではないので不適。dは、フェルマーの最終定理は1994年以前には証明されていなかったが、その証明が不可能だとも証明できない例としてあげられているので、不適。

1 社会論

2 社会論

3 医学

4 哲学

5 論理学

6 歴史

7 IT・テクノロジー

8 心理学

9 健康

10 哲学

[In the analysis of any argument], questions and answers (to
　　　　　　　M　　　　　　　　　　S　　　　　　　S　　　M

questions) (assertions) should never be isolated [from each other].
　　　　　　　　　　　　　　　V　　　　　　　　M

[In other words], every argument is really a dialogue, and should be
　　　M　　　　　　　S　　　　V　　M　　　C　　　　　　　　V

evaluated [as such]. Every argument has two sides. It is the
　　V　　　M　対話として　　　S　　　　　V　　O　形式主語 S V　C

obligation (of an answerer) [in reasonable dialogue] <to give an
　　　　　　　M　　　　　　　　M　　　　　　不定詞 名詞的用法　S'

informative and relevant direct answer to a reasonable question if

he/she can>. [If an answerer truly does not know whether the
　　　　　　　　　　　　　　　　　M

proposition queried is true or false], he/she should have the option,
　　　　過去分詞の名詞修飾　　　　　　　S　　　V　　　　O

[in reasonable dialogue], (of replying 'I don't know' or 'no
　　　　M　　　　　　　　　　　　M

commitment one way or the other).' [In other words], the ignorant
　　　　　　　　　　　　　　　　　M

answerer should be able to admit his/her ignorance. For, [as Socrates
　　S　　　　　V　　　　　　　O　　接続詞「というのは〜だから」 M　「〜ように」

reminded us], the beginning (of wisdom) is <to admit your
　　　　　　　S　　　　　　M　　　V　不定詞 名詞的用法　C

ignorance if you really don't know the answer to a question>. Hence,
　　　　　　　　　　　　　　　　　　　　　　　　　　M

any structure (of dialogue) (that does not allow an answerer the no-
　S　　　　　M　　関係代名詞　　　M

commitment option, in replying to questions) would not be tolerant
　　　　　　　　　　　　　　　　　　V　　　C

[of wisdom].
　M

　The idea <that an answerer should concede that he/she doesn't
　　S　同格のthat　　M　　　　　　　名詞節のthat

know the answer, if he/she really doesn't>, is reflected [in a
　　　　　　　　　　　　　　　　　V　　　M

traditional fallacy called the *ad ignorantiam* fallacy].
　　　　　過去分詞の名詞修飾

　いかなる議論でも、分析すると、質問、質問に対する答え（主張）は、決してお互いから切り離すべきではない。すなわち、すべての議論は、実際には対話であり、そのようなものとして評価されるべきだ。すべての議論には2つの側面がある。可能な場合は、理性的な質問に対して、情報に富んだ、直接的で関連する解答をすることは、理性的な対話での解答者が持つ義務である。もし解答者が、質問の命題が真実か誤っているかを本当に知らないなら、理性的な対話では、その人には「わからない」、あるいは「どちらか一方を選ぶことはできない」と返答する選択肢があるべきだ。すなわち、無知の解答者は、自分が知らないことを認めることが可能であるべきだ。というのは、ソクラテスが私たちに思い出させてくれたように、知恵の起源は、質問に対する答えが本当にわからないなら、自分が知らないことを認めることだからだ。したがって、質問への解答に、解答者に解答義務のない選択肢を与えないいかなる対話構造も、賢明とは言えないだろう。

　解答者が答えを知らないなら、それを認めるべきだという考えは、未知論証と呼ばれる伝統的な誤謬(ごびゅう)に反映されている。

☐ analysis	名 分析		☐ proposition	名 命題
☐ argument	名 議論		☐ query	動 尋ねる
☐ assertion	名 主張		☐ option	名 選択肢
☐ isolate	動 切り離す		☐ commitment	名 約束
☐ in other words	熟 すなわち		☐ one way or the other	熟 どちらか一方に
☐ dialogue	名 対話		☐ ignorant	形 無知の
☐ evaluate	動 評価する		☐ hence	副 それゆえ
☐ obligation	名 義務		☐ structure	名 構図
☐ reasonable	形 理にかなった		☐ tolerant	形 許容する
☐ informative	形 情報を提供する		☐ concede	動 認める
☐ relevant	形 関連する		☐ fallacy	名 誤謬(ごびゅう)

▶ 単語10回CHECK　1 　2 　3 　4 　5 　6 　7 　8 　9 　10

Consider the following dialogue:
V O

Elliot: How do you know <that ghosts don't exist>?
M S V 名詞節の that O

Zelda: Well, nobody has ever proved <that ghosts do exist>,
M S V 名詞節の that O 強調の助動詞

have they?
V S

Here, Elliot asks Zelda to give justification for her commitment to
M S V O to do

the proposition that ghosts do not exist. Zelda answers [by shifting
同格の that S V M

the burden of proof back onto Elliot to prove that ghosts do exist].
不定詞 形容詞的用法 名詞節の that 強調の助動詞

This reply is said to commit the fallacy (of arguing from ignorance)
S V O M

(*argumentum ad ignorantiam*); [just because a proposition has never
命題が真実だとは証明されていないこと M

been proved true], that does not mean <that it is false>. You cannot
S V 名詞節の that O a proposition を指す S V

argue [from ignorance].
M

Fermat's Last Theorem (in mathematics) can be a good illustration
S M V C

(of this point). The theorem, [written in 1637 stating that it is
無知に訴える論証 M S 分詞構文 M 名詞節の that 形式主語

impossible to separate any power higher than the second into two
不定詞 名詞的用法 ———————— separate A into B ————————

like powers] (no three positive integers a, b, and c satisfy the
前置詞の like

equation $a^n + b^n = c^n$ for any integer value of n greater than 2), had
V

never been proved true [until 1994], when Andrew Wiles and Richard
C M 「そしてそのとき」 S

Taylor worked out a proof [based on methods developed by other
V O 分詞構文 M 分詞の名詞修飾

mathematicians]. [Prior to 1994], it was an open question <whether
M 形式主語の it S V C S´

it can be proved that Fermat's Last Theorem is unprovable>.
形式主語の it 名詞節の that

68

次の対話を考えなさい。
エリオット：あなたはどうやって幽霊が存在しないことを知っているの？
ゼルダ：ええと、誰も幽霊が実際に存在すると証明した者はいませんよね？

　ここで、エリオットはゼルダに幽霊が存在しないという命題への解答を正当化するように頼む。ゼルダは、幽霊が実際にいることを証明する立証責任を、エリオットにすることで答えている。この返答は、知らないことから主張する誤謬（無知に訴える論証）を犯していると言われる。ちょうどある命題が決して真実とは証明されないからといって、それはそれが間違いであることは意味しない。無知の状態から主張することはできない。

　数学におけるフェルマーの最終定理は、この要点をよく説明できる。その定理は、2乗より大きいいかなる累乗数も、2つの累乗数の和に分けることは不可能だ（2より大きないかなる整数nに対して、$a^n+b^n=c^n$という方程式を満たす3つの整数a、b、cは存在しない）と1637年に書かれたもので、1994年まで真実とは証明されなかった。1994年に、アンドリュー・ワイルズとリチャード・テイラーは、他の数学者が開発した方法に基づいて、その証明を解明した。1994年より以前は、フェルマーの最終定理を証明できないことを証明できるかどうかは、未解決の問題であった。

☐ ghost	名 幽霊	☐ separate A into B	動 AをBに分ける
☐ justification	名 正当化	☐ integer	名 整数
☐ burden	名 負担	☐ equation	名 方程式
☐ proof	名 証明	☐ work out	熟 解明する
☐ illustration	名 説明	☐ prior to	熟 ～以前に
☐ theorem	名 定理		

▶ 単語10回CHECK　1　2　3　4　5　6　7　8　9　10

右側縦組み見出し：
1 社会論
2 社会論
3 医学
4 哲学
5 論理学
6 歴史
7 IT・テクノロジー
8 心理学
9 健康
10 哲学

In the analysis of any argument, questions and answers to questions (assertions) should never be isolated from each other. In other words, every argument is really a dialogue, and should be evaluated as such. Every argument has two sides. It is the obligation of an answerer in reasonable dialogue to give an informative and relevant direct answer to a reasonable question if he/she can. If an answerer truly does not know whether the proposition queried is true or false, he/she should have the option, in reasonable dialogue, of replying 'I don't know' or 'no commitment one way or the other.' In other words, the ignorant answerer should be able to admit his/her ignorance. For, as Socrates reminded us, the beginning of wisdom is to admit your ignorance if you really don't know the answer to a question. Hence, any structure of dialogue that does not allow an answerer the no-commitment option, in replying to questions would not be tolerant of wisdom.

The idea that an answerer should concede that he/she doesn't know the answer, if he/she really doesn't, is reflected in a traditional fallacy called the *ad ignorantiam* fallacy. Consider the following dialogue:

Elliot: How do you know that ghosts don't exist?

Zelda: Well, nobody has ever proved that ghosts do exist, have they?

Here, Elliot asks Zelda to give justification for her commitment to the proposition that ghosts do not exist. Zelda answers by shifting the burden of proof back onto Elliot to prove that ghosts do exist. This reply is said to commit the fallacy of arguing from ignorance (*argumentum ad ignorantiam*); just because a proposition has never been proved true, that does not mean that it is false. You cannot argue from ignorance.

Fermat's Last Theorem in mathematics can be a good illustration of this point. The theorem, written in 1637 stating that it is impossible to separate any power higher than the second into two like powers (no three positive integers a, b, and c satisfy the equation $a^n + b^n = c^n$ for any integer value of n greater than 2), had never been proved true until 1994, when Andrew Wiles and Richard Taylor worked out a proof based on methods developed by other mathematicians. Prior to 1994, it was an open question whether it can be proved that Fermat's Last Theorem is unprovable.

▸ 10回音読CHECK 1 ☐ 2 ☐ 3 ☐ 4 ☐ 5 ☐ 6 ☐ 7 ☐ 8 ☐ 9 ☐ 10 ☐

BACKGROUND KNOWLEDGE
背景知識が広がるコラム

無知に訴える論証

本文で登場した *argumentum ad ignorantiam* は、英語では argument from ignorance、すなわち「無知に訴える論証」という意味になります。「無知に訴える論証」とは、例えば、① 前提が真と証明されていないことを根拠に偽であることを主張する、あるいは ② 前提がこれまで偽と証明されていないことを根拠に真であることを主張する誤謬（間違った論証）と言ってもよいでしょう。

本文で登場した具体例では、「幽霊が存在しないのをどうやって知っているの？」に対して、「誰も幽霊が存在すると証明した者がいないからだ」と主張しており、前述の①にあたります。「**幽霊が存在すると証明した者がいない**」、だから「**幽霊が存在しない**」は間違った論証だということです。「**幽霊が存在しない**」ことを証明しないと「**幽霊が存在しない**」と主張できないのに、「**幽霊が存在すると証明されていない**」から「**幽霊が存在しない**」は、**間違った論証**ということです。

後半に登場したフェルマーの最終定理も、**それが解けないことを証明できないので、その最終定理自体が成り立たない**というのは、無知の論証になります。

他にも、例えば「**天国が存在すると証明した者がいないから天国は存在しない**」は、「**無知に訴える論証**」であり、だからといって「天国がない」ことの証明にはならない。「天国がない」と証明しないと、天国がないとは主張できないのです。

1 社会論
2 社会論
3 医学
4 哲学
5 論理学
6 歴史
7 IT・テクノロジー
8 心理学
9 健康
10 哲学

解答

（ア）　彼がナバホ語を話すのを見つかったときに、口をすすぐために教師たちが無理やり使わせた不快な茶色い石鹸の味がするようだった。

（イ）　いついかなる状況下でも、彼らは許可なしでは1人でその建物を出ることができなかった。

（ウ）　その昔、彼らを自分たちの言葉を話したことで罰したこの政府も、今となっては戦争に勝つ手助けをするために、彼らにその言葉を使うように頼んでいるのであった。

解説

（ア）

構文図解

He could almost taste the harsh brown soap (the teachers had
S　　　V　　　　　　　　O　　　　関係詞の省略　　M
forced him to use to wash his mouth out when he was caught
　　　　　　　不定詞 副詞的用法　　　　　　　catch O doing の受動態
speaking Navajo).

　almost は「ほぼ」の意味なので、They looked almost human. とすると、「それらはほぼ人間だった」＝「それらは**まるで人間のようであった**」と和訳することができる。本文でも、**He could almost taste ～ .** で、「**彼にとっては、まるで～の味がするようだった**」と和訳する。**soap** と **the teachers** の間に関係詞が省略されている。

　関係詞節の中は、**force O to do**「Oに無理やり～させる」が使われており、**to wash** は不定詞の副詞的用法。he was caught speaking ～ は、**catch O doing**「Oが～するのを見つける」の受動態なので、決し

て「つかまえられた」と訳さずに、**「見つかった」**と訳すことが重要。

（イ）

構文図解

[At no time under any circumstances] were they to leave the
　　　　　　　　　M　　　　　　　　　　　V　　S　be to 不定詞「可能」
building [without permission] alone.
　O　　　　　　　M　　　　　　　M

　at no time「いかなる時も〜ない」という**否定の前置詞句が文頭**に出てくると、**後ろが倒置（疑問文の語順）する**ことに注意する。**were they to leave**はもともと**they were to leave**であることを理解する。

構文 POINT ⑤ 否定の前置詞句が文頭に出るパターン

　否定の前置詞句が文頭に出ると、**強制倒置**といって**後ろは疑問文の語順**になります。他にも、**not until 〜**「〜まで…しない」や、**under no circumstances**「どんな状況でも〜しない」などが文頭に出ると、倒置が起きるので注意しましょう。
　（例文）
　Not until six **did Mike leave** home.
　訳 マイクは6時になるまで家を出なかった。
　＝ 訳 マイクは6時になって初めて家を出た。
　この例文でも、not until sixが文頭にあるので、**後ろは倒置して疑問文の語順**になります。

　続いて、were they to leaveのもともとの表現は、they were to leaveで、これは**be to 不定詞の【可能】の意味**になる。

be to 不定詞には、① **予定**、② **義務**、③ **可能**、④ **意志**、⑤ **運命**の5つの意味があります。ひと言でまとめると、"**万能助動詞**"です。これ1つで、いろいろな助動詞の代わりができます。①の意味では**be going to**と、②の意味では**should**と、③の意味では**can**と、④の意味では**will**と、⑤の意味では**shall**と同じです。

（例文）

① We **are to meet** tomorrow.
　　訳 私たちは明日会う予定だ。
　　⇒未来を表す副詞とセットで使う！

② You **are not to leave** the building.
　　訳 その建物を出てはいけない。

③ The ring **was not to be found**.
　　訳 その指輪は見つからなかった。
　　⇒否定文＋受動態でよく使う！

④ If you **are to succeed** in your job, you must work hard.
　　訳 もしあなたが仕事で成功したいなら、一生懸命働かなければならない。
　　⇒if節中でよく使う！

⑤ The company **was to go** bankrupt.
　　訳 その会社は倒産する運命にあった。

　be to 不定詞が【**予定**】の意味で使われると、①のtomorrowのように未来の副詞と使われることが多くなります。【**義務**】の意味では、②のようにYouを主語にとることが多くなります。【**可能**】の意味では、③のように、否定文や受動態で使われることが多くなります。本問でも否定文で使われており、【**可能**】の意味になります。【**意志**】の意味では、④のようにif節中に使われることが多くなります。

構文図解

Now this government (that had punished them in the past
M　　　　　　S　　　　関係代名詞　　　　　　　　M
for speaking their own language) was asking them to use it to
理由の for　　　　　　　　　　　　　　V　　　　O　　their own
help win the war.　　　　　　　　　　　　　　　language を指す
to do

　文頭の now と that 節中の in the past で p.43 の **論理 POINT ❺** で見たように、【時の対比】が作られていることに注意する。「**その昔、彼らを自分たちの言葉を話したことで罰したこの政府も、今となっては**」と【時の対比】を意識して訳すことが重要。関係代名詞の中は、**punish A for B**「**A を B で罰する**」の表現が使われている。**ask O to do**「**O に〜するように頼む**」で、it は their own language を指し、to help は不定詞の副詞的用法で目的を表す。**help do**「**〜するのを助ける**」が使われている。

1 社会論
2 社会論
3 医学
4 哲学
5 論理学
6 歴史
7 IT・テクノロジー
8 心理学
9 健康
10 哲学

Eugene Crawford is a Navajo, a Native American; he cannot forget
　　　　　　 S 　　　 V 　 C 　 同格のカンマ「すなわち」　　　　 C' 　 S 　　 V
the day (he and his friend were recruited for the United States
　　 O 　 関係詞の省略　　　　　　　　　　　　　　　 M
military). [Upon arrival at Camp Elliot], they were led [to a
　　 M 　　　　　　　 M 　 Crawfordと友人を指す S 　　 V 　　 M
classroom], which reminded him [of the ones he had entered in
　　　　　　 「そしてそれは」 V 　　　 A of B 　 classrooms 関係詞の省略
boarding schools as a child]. These memories were [far from
　　　　 子どものころの学校を思い出させる記憶 　 S 　　 V 　　 M
pleasant]. He could almost taste the harsh brown soap (the teachers
　　　　 S 　　　 V 　　　　　　 O 　　　 関係詞の省略 M
had forced him to use to wash his mouth out when he was caught
　　　　　　　 不定詞 副詞的用法 　　　　　　　　 catch O doingの受動態
speaking Navajo). His thoughts were interrupted [when the door
　　　　　　　　 S 　　　　 V 　　　　　 M
suddenly opened and an officer entered]. The new recruits stood [to
　　　　　　　　　　　　　　　　　 S 　　 V 　 M
attention]. " [At ease], gentlemen. Please be seated."
　　 M 　　　 M 　　　 M 　　 V

　　The first hour (they spent in that building) changed their lives
　　　 S 　 関係詞の省略 the new recruitsを指す 　 M 　　 V 　　 O
forever, and the shock (of what occurred) is still felt [by them] [to
　 M 　　　　 S 　　　 M 　　 V the new recruits M 　 M
this day]. They could never have imagined the project (the military
　 M 　 the new recruits S 　 V 　　　　　 O 　 関係詞の省略 M
had recruited them for). Some (of them) believed <that, had they
　　　　　　　　　　　 S 　 M 　 V 名詞節のthat O 仮定法if節の倒置
known beforehand, they might not have joined up so eagerly>.

Navajo had been chosen [as a code for secret messages] [because
　 S 　　 V 　　　　　 M 　　　　　 M
unless you were a Navajo, you'd never understand a word of it].
　　　　　　　　　　　　　　　　　 Navajoを指す
Navajo is a complex language and slight change (in pronunciation)
　 S 　 V 　　 C 　　　　　 S 　　　 M
can completely change the meaning (of a message).
　 V 　　　　　 O 　　　 M

ユージン・クロフォードは、アメリカインディアンのナバホ族だ。彼は、友人たちと一緒にアメリカの軍隊に徴用された日を忘れることができない。キャンプ・エリオットに到着すると同時に、彼らはある教室に案内された。そこは、彼が子どものときに入った全寮制の学校の教室を思い出させた。当時の記憶は、決して楽しいものではなかった。彼がナバホ語を話すのを見つかったときに、口をすすぐために教師たちが無理やり使わせた不快な茶色い石鹸の味がするようだった。ドアが突然開いて、1人の将校が入ってきたとき、彼の回想は中断された。新兵たちは気を付けの姿勢をしていた。「諸君、楽にしてください。どうぞ、着席してください」。

彼らがその建物で過ごした最初の1時間は、彼らの人生を永久に変えることになった。そして、彼らは、その時に起きたことに対するショックを、今日に至るまでいまだに感じている。彼らは、軍が彼らを徴用した計画を想像すらできなかった。彼らの中には、事前に知っていたなら、そんなに熱心には入隊しなかったかもしれないと考える者もいた。ナバホ語はナバホ族でなければまったく理解できないから、秘密の通信文の暗号に選ばれたのだった。ナバホ語は複雑な言語で、かすかに発音を変えただけで、伝言の意味を完全に変えられるのだ。

□ recruit	動 募集する	□ stand to attention	熟 気を付けの姿勢で立つ
□ military	名 軍隊	□ at ease	熟 気楽に
□ boarding school	名 全寮制の学校	□ beforehand	副 前もって
□ far from	熟 決して~ない	□ eagerly	副 熱心に
□ almost	副 もう少しで	□ code	名 暗号
□ harsh	形 不快な	□ unless SV,	接 SがVしない限り
□ catch O doing	動 Oが~しているのを見つける	□ complex	形 複雑な
□ interrupt	動 中断する	□ slight	形 かすかな
□ officer	名 将校	□ pronunciation	名 発音

▶ 単語10回CHECK 1 ☐ 2 ☐ 3 ☐ 4 ☐ 5 ☐ 6 ☐ 7 ☐ 8 ☐ 9 ☐ 10 ☐

1 社会論
2 社会論
3 医学
4 哲学
5 論理学
6 歴史
7 IT・テクノロジー
8 心理学
9 健康
10 哲学

The government's decision was wise — it turned out to be the only
　　　　　　S　　　　　　　　　V　　C　　　Navajoを指す　　V　　　　　　C
code (the enemy never managed to break) — but [for the young
　　　　関係詞の省略　　　　　　　M　　　　　　　　　　　　　　　M
Navajo soldiers], it was a nightmare. [At no time under any
　the government's decisionを指す S　V　　　C　　　　　　　　　M
circumstances] were they to leave the building [without permission]
the young Navajo soldiersを指す V　S　be to 不定詞「可能」　　O　　　　　　M
alone. They were forbidden [to tell anyone about the project, even
　M　　S　　　V　　　　　　　　　　　　　　　M
their families], [until it was finally made public in 1968].
the young Navajo soldiersを指す the projectを指す　　M

　Many (of these men) had been punished, sometimes brutally, [for
　　S　　　M　　　　　　　V　　　　　　M　　　　理由のfor
speaking Navajo in classrooms similar to this run by the same
　　　　M　　　　　　　　　　　　　　　　過去分詞の名詞修飾
government]. Now this government (that had punished them in the
　　M　　　　S　　　　関係代名詞　　M　　their own languageを指す
past for speaking their own language) was asking them to use it to
　　理由のfor　　　　　　　　　　　　V　　　O　to do
help win the war. White people were stranger [than the Navajos had
不定詞 副詞的用法 目的　　S　　　V　　C　　　　　M
imagined].

1 社会論
2 社会論
3 医学
4 哲学
5 論理学
6 歴史
7 IT・テクノロジー
8 心理学
9 健康
10 哲学

////////// 本 文 訳 //////////

ナバホ語が、敵が決して見破れない唯一の暗号だとわかったので、政府の決定は賢明ではあったが、若いナバホ族の兵士にとっては、その決定は悪夢だった。いついかなる状況下でも、彼らは許可なしでは1人でその建物を出ることができなかった。それが1968年にようやく公表されるまで、彼らは誰にも、家族ですら、その計画について話すのを禁じられていた。

　これらの兵士たちの多くが、同じ政府が運営していたここと似ている教室で、ナバホ語を話したことで、時に残忍に罰せられた。その昔、彼らを自分たちの言葉を話したことで罰したこの政府も、今となっては戦争に勝つ手助けをするために、彼らにその言葉を使うように頼んでいるのであった。白人は、ナバホ族が想像していたよりも異様な人種であった。

////////// 語 彙 リ ス ト //////////

□ turn out to be C	動 Cとわかる
□ enemy	名 敵
□ manage to do	動 何とか〜できる
□ nightmare	名 悪夢
□ forbid O to do	動 Oが〜するのを禁止する

□ make public	熟 公(おおやけ)にする
□ brutally	副 残忍に
□ run	動 運営する
□ punish A for B	動 AをBで罰する

▶ 単語10回CHECK 1 2 3 4 5 6 7 8 9 10

Eugene Crawford is a Navajo, a Native American; he cannot forget the day he and his friend were recruited for the United States military. Upon arrival at Camp Elliot, they were led to a classroom, which reminded him of the ones he had entered in boarding schools as a child. These memories were far from pleasant. He could almost taste the harsh brown soap the teachers had forced him to use to wash his mouth out when he was caught speaking Navajo. His thoughts were interrupted when the door suddenly opened and an officer entered. The new recruits stood to attention. "At ease, gentlemen. Please be seated."

The first hour they spent in that building changed their lives forever, and the shock of what occurred is still felt by them to this day. They could never have imagined the project the military had recruited them for. Some of them believed that, had they known beforehand, they might not have joined up so eagerly. Navajo had been chosen as a code for secret messages because unless you were a Navajo, you'd never understand a word of it. Navajo is a complex language and slight change in pronunciation can completely change the meaning of a message. The government's decision was wise — it turned out to be the only code the enemy never managed to break — but for the young Navajo soldiers, it was a nightmare. At no time under any circumstances were they to leave the building without permission alone. They were forbidden to tell anyone about the project, even their families, until it was finally made public in 1968.

Many of these men had been punished, sometimes brutally, for speaking Navajo in classrooms similar to this run by the same government. Now this government that had punished them in the past for speaking their own language was asking them to use it to help win the war. White people were stranger than the Navajos had imagined.

コードトーカー

code talker「コードトーカー」とは、**code**「暗号」を**talker**「話すもの」の意味で、**アメリカ軍が使用した暗号通信兵**のことを言います。その部族以外では、その言葉を理解できないので、おもに**第1次世界大戦、第2次世界大戦**で、コードトーカーはその部族語を暗号として使い、無線通信を行うことで暗躍しました。

コードトーカーが暗躍した時代は、交戦時の陸軍、海軍、空軍と本部との連絡手段が無線に限られていたため、簡単に各国から傍受することができました。戦争は情報戦となるので、偽の作戦をわざと漏洩したり、解読が非常に困難な暗号を駆使したりする試みが行われました。

第1次世界大戦では、チョクトー族、コマンチ族出身者が、第2次世界大戦では、本文にあったように、ナバホ族がコードトーカーとして米軍に採用されました。

特にナバホ語は、文法が難解で発音も難しく、第2次世界大戦でも、日本軍は最後までこの暗号を解読できませんでした。本文でも、ナバホ族にとっては非常に過酷な任務という説明がありました。**コードトーカー**が捕虜になって暗号が漏れてしまうと、戦局を大きく左右する可能性がありました。そのため、コードトーカー達には専用の護衛がつけられ、万が一コードトーカーが捕まった場合には、その場で殺害されるという**過酷な運命を義務付けられていました。ニコラス・ケイジ主演の *Wind talkers*「ウインド・トーカーズ」という映画で、このコードトーカーが題材になりました。

ナバホ語に存在しない潜水艦、偵察隊、戦車、戦艦などは、順に「鉄の魚」、「カラス」、「カメ」、「クジラ」などのナバホ語にも存在する単語に置き替えられて、**それをナバホ語にする**という手順で暗号化されていたようです。

このナバホ語による暗号化は、その後も継続して使用される可能性があったので、1968年になるまでその機密情報が解除されることはありませんでした。無理やり戦場に同行されて過酷な運命を義務付けられたことに対して、1982年にロナルド・レーガン大統領によって、そして2001年にジョージ・W・ブッシュ大統領によって、当時のコードトーカーの功績が称えられています。

1 社会論

2 社会論

3 医学

4 哲学

5 論理学

6 歴史

7 IT・テクノロジー

8 心理学

9 健康

10 哲学

IT・テクノロジー

EV車のLEAF

別冊 p.22／制限時間20分／**399 words**

解答

(1) (a)	(2) (b)	(3) (a)	(4) (b)
(5) (d)	(6) (c)	(7) (c)	(8) (a)
(9) (d)	(10) (a)		

解説

(1)

第1段落の "stall" という単語は、_____ことを意味する。

(a) 進歩が止まる　　　　　　(b) どこからも登場しない

(c) もっと高価なものにする　(d) 視界を遮る

stall は stop running と同じ意味で、「（車などが）止まる」ことを意味するので、**(a)**が正解。stall の意味が出てこなくても、コロンの後ろから、**6つの情報が接続**されていることに着目する。英語では、**3つ以上の接続は具体例の目印**になるので、「コストが高いこと、資金の欠如、インフラ上の困難、設計や生産上の問題」などを抽象化すると、自動車の開発が止まる理由となるので、**(a) stop making progress「進歩が止まる」**ことが正解とわかる。

論理 POINT ⑧ ▶ 3つ以上の接続は具体例の目印

3つ以上の情報の接続や列挙は、**具体例の目印**になります。

（例文）

The ability to read, write, **and** speak English is important.

訳 英語の読み書き、そして話す能力は重要だ。

この and は **read, write, speak** の3つの接続ですが、**言語運用能力**の具体例を、**読む、書く、話す**と具体例で列挙しています。

(2)

第1段落の "deviate from" は＿＿＿＿ことを意味する。

（a）　～と共に去る　　　　（b）　～と異なる
（c）　～から利益を得る　　（d）　～を聞く

deviate from は depart from an established course「既存の道から離れる」と同じで、「逸脱（いつだつ）する」の意味。**(b) differ from「～と異なる」**がもっとも近いので、これが正解となる。

---

(3)

第2段落によると、何が原因で、The Leaf は、同種のもので最初のものになるのか。

（a）　**それはオール電化の車だ。**
（b）　それはアメリカ製だ。
（c）　誰でも買うことができる。
（d）　バッテリーが全く充電を必要としない。

第2段落第1文「日産のリーフは、アメリカの消費市場で作られた世界で初めてのオール電化の自動車だ」から、**(a) It is an all-electric car.「それはオール電化の車だ」**が正解。

---

(4)

第2段落の "registers zero emissions" は、The Leaf は＿＿＿＿ことを意味する。

（a）　充電後に遠くに移動できる
（b）　**大気を汚染しないだろう**
（c）　動かすのに費用がかからない
（d）　全く修理を必要としないだろう

emission「放出」とは、自動車の文脈なので**排気ガスの放出**を意味しており、排気ガスは大気を汚染するので、**(b) will not pollute the air「大気を汚染しないだろう」**が正解。

第3段落の "scratching their heads" という表現は、人々が_____ことを意味する。

(a) 恥ずかしくなった　　(b) 怖がっていた

(c) 思いやりのある　　(d) 困惑した

　下線部を含む文は、「**この急転換はほとんど説明せずに起きたので、大衆を驚かせて、多くの人が頭をかいた**」という文。**ほとんど説明せずに急転換したから、困った**となるので、**(d) confused** が正解。(a) embarrassedは、あくまでashamedと同じ意味なので、ここでは不適。**scratch one's head** は文字どおり「**頭をかく**」の意味で、不満や困惑のしぐさを表す。

. . . .

6

第3段落の "opened the door to" は_____の意味にもっとも近い。

(a) 何かの結果として苦しんだ　　(b) ある場所に居住した

(c) ～の機会を作った　　(d) ～に礼儀を示した

　open the door to「**～への門戸を開く**」から、「**～が参入する機会を作った**」の意味なので、**(c) created an opportunity for**「**～の機会を作った**」が正解。

. . . .

第3段落の "to gain ground" という表現は_____ことを意味する。

(a) 他人と働く　　(b) はっきりとした考えを持つ

(c) もっと人気になる　　(d) 公平なやり方で競争する

　groundは「**地面**」という意味で、そこから「**立場**」、「**支持**」と意味が広がり、**gain ground**「**支持を得る**」となる。よって、**(c) become more popular**「**もっと人気になる**」が正解。

. . . .

（8）

第4段落によると、電気自動車の値段は_____。

(a) 購入者の理想を下回っていた

(b) 購入者にとってとても手頃だった

(c) 歴史的に高価ではなかった

(d) 高価でも高価でなくもない

第4段落第1文のdeal breakerとは「取引を壊すもの」という意味なので、a deal breaker for many buyersは、「多くの購入者にとって、取引を壊すもの」、すなわち「多くの購入者にとって、**値段が高すぎた**」と類推できる。よって、**(a) less than ideal for buyers**「購入者の理想を下回っていた」が正解。

（9）

第4段落の情報に基づくと、トヨタのプリウスの値段は、およそ_____ドルだ。

(a) 44,000　　(b) 32,000　　(c) 40,000　　(d) 25,000

第4段落第3文「対照的に、リーフはメーカー希望小売価格**32,780ドル**で、購入者が**7,500ドル**の連邦政府税の貸し付けを利用すると、その車はトヨタのプリウスの価格帯へと収まることになった」から、**32,780ドルから7,500ドルを引いた金額がプリウスの金額と類推できる**。よって、正解は**(d) 25,000ドル**とわかる。

（10）

第5段落の"spoken for"という表現は、_____を意味する。

(a) 予約されている　　(b) 作られている

(c) 回収される　　(d) 広告される

be spoken for「予約済みだ」という意味なので、**(a) reserved**「予約されて」が正解。ちなみに、be spoken forは人を主語にとると、「人が予約済み」＝「婚約している」となる。

The Leaf: Nissan Goes Green
S   V C

[For decades], inventors and automakers have pondered ＜how to
  M   S   V   「～する方法」

design a car that would help reduce the world's dependence on fossil
O   関係代名詞   help do「～するのに役立つ」

fuels＞. Several prototype hybrid cars emerged, but each seemed to
         S   V   S V

"stall" [for one reason, or another]: the high cost of mass production,
    M   M′

the lack of sufficient funding to bridge impossible start-up costs,
    M′   不定詞 形容詞的用法

infrastructure challenges, design or production problems,
   M′   M′

management shake-ups, and — [according to some observers] — the
  M′   M   M′

long-held resistance of industry leaders to deviate from the status
          不定詞 形容詞的用法 名詞節のthatの省略

quo. Now, however, Japanese automaker Nissan believes＜it has hit
  M M   S   V Nissanを指す

on the right formula: its all-electric Leaf＞.
      O

The Nissan Leaf is the world's first all-electric car (to be produced
  S   V   C   不定詞 形容詞的用法

for the mass market in the United States). Battery-powered, the Leaf
    M   分詞構文「～して」 M S

can travel 100 miles [on a full charge] and registers zero emissions.
 V   M   V   O

The Leaf requires seven hours [to fully recharge]; two hours to go an
 S   V   O 不定詞 副詞的用法 M   O′ 不定詞 副詞的用法

extra 25 miles.

[Although Nissan has always been known for producing high-
          M

quality, well-engineered cars], [over the years] the brand suffered
           M   S   V

[as a result of indecisive or unclear marketing].
      M

リーフ：日産は環境を保護する

　何十年もの間、発明家や自動車メーカーは、世界の化石燃料への依存を減らすのに役立つだろう車を設計する方法をあれこれ考えてきた。複数のハイブリッドカーの試作品が出てきたが、それぞれが何らかの理由で「失速して」しまうようだった。大量生産のコストが高いこと、操業開始のあり得ない費用をまかなえる十分な資金の欠如、インフラ上の困難、設計や生産上の問題、経営の方針転換、そして一部のオブザーバーによると、産業リーダーが現状から逸脱することに長期にわたって抵抗したことなどがあった。しかし、今では日本の自動車メーカーの日産は、正しい解決策を思いついたと信じている。それは、電気自動車のリーフだ。

　日産のリーフは、アメリカの消費市場で作られた世界で初めてのオール電化の自動車だ。バッテリーを完全に充電すると、リーフは100マイルを走ることができて、二酸化炭素のゼロ放出を記録する。リーフは、バッテリーを満タンまで充電するのに7時間を要する。さらに25マイル走るのに2時間かかる。

　日産はかねてから高品質のしっかりしたエンジンの車を生産することで知られてきたが、何年もの間、決断力のない、あるいははっきりとしないマーケティングの結果として苦しんできた。

///////// 語 彙 リ ス ト /////////

go green	熟 環境保護活動をする	bridge	動 克服する
inventor	名 発明家	start-up	形 操業開始の
automaker	名 自動車メーカー	infrastructure	名 インフラ
ponder	動 熟考する	shake-up	名 大改革
design	動 設計する	resistance	名 抵抗
dependence	名 依存	deviate from	熟 ～から逸脱する
fossil fuel	名 化石燃料	status quo	名 現状
prototype	名 試作品	formula	名 公式、解決策
hybrid	形 混血の	register	動 記録する
emerge	動 現れる	emission	名 放出
stall	動 失速する	fully	副 完全に
mass	形 大量の	extra	形 追加の
sufficient	形 十分な	be known for	熟 ～で知られている
funding	名 資金	indecisive	形 決断力のない

▶ 単語10回CHECK 1 2 3 4 5 6 7 8 9 10

Consider, [for example], the company's 1983 decision to change the
V　　　　　　M　　　　　　　　　　O　　　　　　　　不定詞 形容詞的用法

name of its products marketed in the United States — Datsun — to
　　　　　　　　　　過去分詞の名詞修飾

the company name, Nissan. This flip-flop occurred [with little
　　　　　　　　　　　　　　　　S　　　　　　V　　　　　M

explanation], [catching the public by surprise and leaving many
　　　分詞構文「そして〜」　M　　　leave O C、many「多くの人」がO、scratching 〜がC

scratching their heads]. [Handled in this way], the name change
　　　　　　　　　　　　　　分詞構文「〜ので」　　M　　　　　　　S

diminished <whatever equity may have resided in the Datsun
V　　　　　　　　　　　　　　　O

name>, which [at that time] was widely known [across the United
　　　「そしてそれは」　M　　　　　V　　　　　　M

States]. The marketing error also opened the door (to Japanese
　　　　　　　S　　　　　　M　　V　　　O　　　　M

competitors like Toyota and Honda to gain ground with American
　　　　　前置詞のlike「〜のような」　　　不定詞 形容詞的用法

consumers), who no longer had a clear view (of the Nissan brand).
　　　　「そしてその人たちは」　M　　V　　O　　　　　M

　Historically, the cost (of an electric car) has been a deal breaker
　　M　　　　　S　　　　　M　　　　　V　　　　C

[for many buyers]. The Chevy Volt, [for example], is priced [at
　M　　　　　　　S　　　　　M　　　V　　　M

$41,000]. [By contrast], the Leaf has a $32,780 sticker price, and
　　　　　　M　　　　　S　　V　　　　O

buyers can take advantage of a $7,500 federal tax credit, [bringing
S　　　V　　　　　　　O　　　　　　　　　分詞構文「(そして)〜」

the car within range of the Toyota Prius].
　　　　　　　M

　Nissan made the 2011 Leaf available [to U.S. buyers] online [with
　S　　V　　　O　　　　C

a refundable $99 deposit]. [Within weeks of introduction], all 20,000
　　　　　　　　　　　　　　　M　　　　　　　S

units were spoken for.
　　　　　V

88

例えば、その会社が 1983 年に、アメリカ市場の製品名であるダットサンを、その社名である日産に変えた決断を考えてみよう。この急転換はほとんど説明せずに起きたので、大衆を驚かせて、多くの人が頭をかいた。このように扱われたので、その社名変更は、ダットサンという名前に存在したかもしれない企業資本も減らしてしまった。その名前は、当時のアメリカ中で広く知れ渡っていた。マーケティング上の間違いは、これからアメリカの消費者の支持を得るトヨタやホンダのような日本の競合にも門戸を開いて、その消費者たちは、日産ブランドにはっきりとしたイメージを抱けなかった。

今までずっと、電気自動車のコストは、多くの購入者にとって買うことができないものだった。例えば、シボレー・ボルトの価格は、41,000 ドルだ。対照的に、リーフはメーカー希望小売価格 32,780 ドルで、購入者が 7,500 ドルの連邦政府税の貸し付けを利用すると、その車はトヨタのプリウスの価格帯へと収まることになった。

日産は、2011 年にリーフを、払い戻し可能な 99 ドルの頭金で、オンラインでアメリカの購入者が買えるようにした。導入の数週間以内で、20,000 ユニットすべてが予約済みとなった。

☐ market	動 市場に出す	☐ historically	副 歴史的に
☐ flip-flop	名 急な転換	☐ deal	名 商取引
☐ the public	名 大衆	☐ by contrast	熟 対照的に
☐ scratch	動 ひっかく	☐ sticker price	名 希望小売価格
☐ handle	動 操作する	☐ take advantage of	熟 利用する
☐ diminish	動 減らす	☐ federal tax	名 連邦政府税
☐ equity	名 企業資本の持分	☐ credit	名 信用貸し
☐ reside in	動 存在している	☐ refundable	形 払い戻しされる
☐ competitor	名 競争相手	☐ deposit	名 頭金
☐ consumer	名 消費者	☐ introduction	名 導入

▶ 単語10回CHECK 1 2 3 4 5 6 7 8 9 10

1 社会論
2 社会論
3 医学
4 哲学
5 論理学
6 歴史
7 IT・テクノロジー
8 心理学
9 健康
10 哲学

[Although these cars will be produced in Japan], Nissan intends <to
　　　　　　　　　　　　　M　　　　　　　　　　　　　　　　　　　S　　　　V
begin U.S. manufacturing in 2012 at its Smyrna, Tennessee,
▲
不定詞 名詞的用法　　　　　　　　　　　　　　　O
assembly plant>, where the Department (of Energy's $1.4 billion
　　　　　　　　　▲　　　　　　　　　S　　　　　　　　　　　　　M
　　　　　「そしてそこで」
loan) is helping to modify the plant and build a facility nearby [to
　　　　　V　　　　　　　　O　 modify と build 　V　　　　　O
manufacture Leaf batteries].　の接続
▲
不定詞 副詞的用法　　　　　M

これらの車は日本で製造するけれども、日産は、テネシー州のスマーナで、2012年にアメリカでの製造を始める意向だ。そこでは、エネルギー省の14億円の貸し付けによって工場を改良して、その近くに施設を建築することで、リーフのバッテリーを製造する助けとなっている。

1 社会論

2 社会論

3 医学

4 哲学

5 論理学

6 歴史

7 IT・テクノロジー

8 心理学

9 健康

10 哲学

語 彙 リ ス ト

☐ manufacturing	名 製造
☐ assembly plant	名 組み立て工場
☐ modify	動 修正する

| ☐ facility | 名 施設 |
| ☐ nearby | 形 近くの |

▶ 単語10回CHECK 1 ☐ 2 ☐ 3 ☐ 4 ☐ 5 ☐ 6 ☐ 7 ☐ 8 ☐ 9 ☐ 10 ☐

The Leaf: Nissan Goes Green

For decades, inventors and automakers have pondered how to design a car that would help reduce the world's dependence on fossil fuels. Several prototype hybrid cars emerged, but each seemed to "stall" for one reason, or another: the high cost of mass production, the lack of sufficient funding to bridge impossible start-up costs, infrastructure challenges, design or production problems, management shake-ups, and — according to some observers — the long-held resistance of industry leaders to deviate from the status quo. Now, however, Japanese automaker Nissan believes it has hit on the right formula: its all-electric Leaf.

The Nissan Leaf is the world's first all-electric car to be produced for the mass market in the United States. Battery-powered, the Leaf can travel 100 miles on a full charge and registers zero emissions. The Leaf requires seven hours to fully recharge, two hours to go an extra 25 miles.

Although Nissan has always been known for producing high-quality, well-engineered cars, over the years the brand suffered as a result of indecisive or unclear marketing. Consider, for example, the company's 1983 decision to change the name of its products marketed in the United States — Datsun — to the company name, Nissan. This flip-flop occurred with little explanation, catching the public by surprise and leaving many scratching their heads. Handled in this way, the name change diminished whatever equity may have resided in the Datsun name, which at that time was widely known across the United States. The marketing error also opened the door to Japanese competitors like Toyota and Honda to gain ground with American consumers, who no longer had a clear view of the Nissan brand.

Historically, the cost of an electric car has been a deal breaker for many buyers. The Chevy Volt, for example, is priced at $41,000. By contrast, the Leaf has a $32,780 sticker price, and buyers can take advantage of a $7,500 federal tax credit, bringing the car within range of the Toyota Prius.

1 社会論
2 社会論
3 医学
4 哲学
5 論理学
6 歴史
7 IT・テクノロジー
8 心理学
9 健康
10 哲学

Nissan made the 2011 Leaf available to U.S. buyers online with a refundable $99 deposit. Within weeks of introduction, all 20,000 units were spoken for. Although these cars will be produced in Japan, Nissan intends to begin U.S. manufacturing in 2012 at its Smyrna, Tennessee, assembly plant, where the Department of Energy's $1.4 billion loan is helping to modify the plant and build a facility nearby to manufacture Leaf batteries.

▶ 10回音読CHECK　1　2　3　4　5　6　7　8　9　10

BACKGROUND KNOWLEDGE
背景知識が広がるコラム

EV車とHV車

　そもそも、車を運転するときに出る**排気ガスが大気汚染**につながり、排気ガスに含まれる**二酸化炭素が地球温暖化につながる**ので、**環境保護のためには、従来のガソリンを動力源とした車をどうするか**という重要なテーマがありました。

　LEAFとは、英語で「**葉**」を意味します。**植物の葉が大気を浄化する**ことから車名になりました。これは、**EV**（**Electric Vehicle**）**車**、すなわち**電気自動車**と言われるもので、**ガソリンを燃焼させることがないので非常に環境に優しい車**です。一方で、ガソリンを動力源とした従来の車よりも、**車両本体が高いという問題**があります。

　他には、**HV**（**Hybrid Vehicle**）**車**、すなわち**ハイブリッドカー**があります。**ガソリンと電気の両方を動力源**とした車のことです。こちらは、環境保護にも配慮して、かつ車両本体の値段も EV 車に比べて安価なために人気で、TOYOTA のプリウスなどが代表例です。

　ちなみに、**hybrid**とは元々「**雑種**」の意味で、イノシシと豚の交配種であるイノブタが語源だそうです。そこから、ガソリンと電気の２つを動力源とする車などにも転用されるようになりました。

集団における食事の注文方法

別冊 p.26 ／制限時間20分／ 383 words

解答

問1 友人たちと食事に行くことほど楽しいことはないが、みんなが仲良くやっていても、人は集団から目立って、集団に付き従っているようには見えたくないという生まれつきの性質を備えている。

問2 食卓を囲む人々が、お互いに選んだものを共有して、より多くの種類を欲すること。

問3 D

問4 誰かが注文する前に、自分が注文するものを決めて、それを変えないこと。

問5 実世界と同様に、ソーシャルメディアで注目される最善の方法は、人工的な名声を作り出すことではなく、むしろ、それにより個人的な特徴をもたらすそれ自体で価値のあるものを達成することだろう。

解説

問1

構文図解

There's nothing better [than going out with friends for a
M　　V　　　S　　　　　　　　　　　M
meal], but [even though you may all get on well], you also
　　　　　　　　　　　M　　　　　　　　　　　S　　M
have a natural tendency (to want to stand out from the crowd
V　　　　　O　　　　　　不定詞 形容詞的用法　　　　　M
and not to seem to be following the herd).
to stand ～とnot to seemの接続

　There's nothing better than ～, が, **主語がnothingで比較級を用いている**ので, **最上級相当表現**とわかる。

構文 POINT ❼ 最上級相当表現

（例文）
Nothing is as pleasant as traveling.
There is nothing as pleasant as traveling.
訳 旅ほど楽しいものはない。

最上級相当表現とは、**原級や比較級を用いて最上級の意味を表す**ものです。例文のように、**as ～ as**と原級表現ですが、「旅ほど楽しいものはない」＝「旅がいちばん楽しい」と**最上級の意味**になります。Nothing is as ～ as A.「Aほど～なものはない」＝「Aがいちばん～」と、There is nothing as ～ as A.の形を覚えておきましょう。特に、本問のように、**There is nothing ～に原級や比較級が合わさった最上級相当表現**に注意します。

　続いて、**get on well**「うまくやる」の表現に注意する。**a natural tendency to do ～**「～する生まれつきの傾向」は、**不定詞の形容詞的用法**。andがto stand ～とnot to seemの接続で、「集団から目立って、集団に付き従っているようには見えたくないという生まれつきの性質を備えている」と訳す。

・・

問2

　下線部(2)を含む文は、「これは、食卓を囲む人々が、お互いに選んだものを共有して、より多くの種類を欲することが理由のように思えるかもしれない。しかし、このことが通用する特定の料理を除けば、これが起きている証拠などない」となる。よって、**例えばピザのような大勢でシェアできる料理ならば当てはまるが、他の料理ならば当てはまらないこと**を意味するので、**食卓を囲む人々が、お互いに選んだものを共有して、より多くの種類を欲すること**が正解。

・・

A. 様々な料理を、同じテーブルにいる他の人とすすんでわけあう

B. 他人が一番だとすすめたものをがっかりして食べる

C. 一見すると、選んだものが人と違うことを楽しんでいるように見える

D. 本当に欲しかったものではないものを、渋々食べる

　下線部(3) grimly eat their substandard choice「厳格に自分たちの水準以下で選んだものを食べる」という意味で、すなわち「本当に欲しかったものより下に位置するメニューを選ぶこと」なので、**D. reluctantly eat something that is not what they really wanted「本当に欲しかったものではないものを、渋々食べる」**が正解。

- -

問4

　下線部(4)を含む文は、「時に、人の心理を利用して、少し自分をだますと、いちばん欲しいものが手に入ることになる」の意味。「自分をだます」とは、**誰かが注文するのを聞くと、目立とうと本当は望んではいないメニューを頼んでしまうので、その前に注文して自分の衝動を抑えること**を意味する。よって、**誰かが注文する前に、自分が注文するものを決めて、それを変えないこと**が正解。

- -

問5

構文図解

[as in the real world], the best way (to gain attention in social

様態のas　　　M　　　　　　　S　　　不定詞 形容詞的用法

media) is not <to create artificial celebrity>, but rather <to

不定詞 名詞的用法　　C　　　not A but rather B「AではなくてむしろB」

achieve something of value in its own right that will bring with

不定詞 名詞的用法　　　C　　　　　　関係代名詞、先行詞はsomething of value

it personal distinction>.

asは**様態のas**「**～ように**（同様に）」の意味。**the best way to do**「**～する最善の方法**」は、**不定詞の形容詞的用法**。to createは不定詞の名詞的用法で、この文のCのカタマリを作る。**not A but rather B**「**AではなくてむしろB**」が使われている。**of value**は**valuableと同じ意味**で、somethingを修飾する。in one's own right「それ自体で」の意味。thatから関係代名詞のカタマリが始まり、something of valueを修飾する。bringの目的語はpersonal distinctionで、itはsomething of valueを指す。bring with it personal distinctionで、VMOという並びに注意する。

構文 POINT ⑧ **SVMOを見抜く方法**

　挿入とは異なりますが、動詞と目的語の間にMが入り込んだものをSVMOという記号で表します。

（例文）

Scientists have known [for some time] <that the human brain's
　　S　　　　V　　　　　　M　　　　　　　　　O
ability to stay calm and focused is limited>.

訳 科学者は、しばらく前から人間の脳の冷静で集中したままでいられる能力は限られていることを知っていた。

　この例文も、for some timeが前置詞句なのでM、that以下がhave knownに対応するOになります。**knowが他動詞なので、それに対応する目的語を探そうという発想が、このSVMOを見抜くコツです。**

There's nothing better [than going out with friends for a meal], but
M   V   S   M

[even though you may all get on well], you also have a natural
M   「仲良くやる」   S   M   V   O

tendency (to want to stand out from the crowd and not to seem to be
不定詞 形容詞的用法   M   to stand ~ と not to seem の接続

following the herd). Studies have shown <that when people make a
S   V   名詞節の that   O

choice from a menu, whether it's for food or drink, and hear what
選んだもの

other people have chosen first, they are much more likely to go for

something different to the others>. This even extends [to ordering
人と異なるものを選ぶこと S   M   V   M

something they don't really want — or certainly don't want as much
関係詞の省略

as a popular choice] — [if it prevents them from looking like a
本当は欲しくないものや、人気のメニューほどは望んでいないものを選ぶこと   M

sheepish follower].

It might seem [that this is because the group around the table is
S   V   人と異なるメニューを選ぶこと   M

going to share each other's choices, so they want a more varied
M

selection] — but [outside of particular cuisines where this is the
M   それぞれの食事を共有したいから、より多くの種類を望むこと

norm], there is no evidence (of this happening); people just grimly
M   V   S   共有のために多くの   M   S   M

eat their substandard choice. メニューを頼むこと
V   O

There is a simple way (to avoid this). [When selecting from a menu
M   V S 不定詞 形容詞的用法 M 自分が望んでいないメニューを選ぶこと M

with a group], make sure <you choose what you want before any
V   名詞節の that の省略   O

discussion of what people are going to order> — and [once you make
once S'V' 「一度 S' が V' すると」

your choice], stick with it. your choice を指す
M   V   O

98

　友人たちと食事に行くことほど楽しいことはないが、みんなが仲良くやっていても、人は集団から目立って、集団に付き従っているようには見えたくないという生まれつきの性質を備えている。研究によると、人がメニューから選択するとき、食べ物であろうと飲み物であろうと、他人が最初に選ぶものを聞いて、他人と異なるものを選択する傾向がずっと高くなるとわかっている。これは、もしそのおかげで内気で何でも従ってしまうような人に見えなくなるなら、彼らが実際には望んでいないもの、あるいはきっと人気のある選択肢ほどには望まないものを注文する事態すら引き起こしてしまう。

　これは、食卓を囲む人々が、お互いに選んだものを共有して、より多くの種類を欲することが理由のように思えるかもしれない。しかし、このことが通用する特定の料理を除けば、これが起きている証拠などない。人は単に、厳格に自分たちの水準以下で選んだものを食べるだけだ。

　これを避ける単純な方法がある。皆と一緒にメニューを選ぶとき、人が注文するものを耳にする前に、自分が望んだものを確認して、一度選んだらそれを変えないことだ。

1 社会論
2 社会論
3 医学
4 哲学
5 論理学
6 歴史
7 IT・テクノロジー
8 心理学
9 健康
10 哲学

語 彙 リ ス ト

☐ get on well	熟 仲良くやる	☐ follower	名 あとから来る人
☐ tendency	名 傾向	☐ varied	形 様々な
☐ stand out	熟 目立つ	☐ selection	名 選択
☐ crowd	名 群衆	☐ particular	形 特定の
☐ herd	名 群れ	☐ cuisine	名 料理
☐ make a choice	熟 選択をする	☐ norm	名 標準
☐ be likely to	熟 ～しそうだ	☐ evidence	名 証拠
☐ go for	熟 選んで～にする	☐ grimly	副 厳格に
☐ extend	動 広がる	☐ substandard	形 標準以下の
☐ order	動 注文する	☐ make sure	熟 確実に～する
☐ certainly	副 確実に	☐ once S'V', ~.	接 一度S'がV'すると、～
☐ prevent O from doing	動 Oが～するのを妨げる	☐ stick with	熟 ～を守り続ける
☐ sheepish	形 内気な		

▶ 単語10回CHECK　**1**　☐　**2**　☐　**3**　☐　**4**　☐　**5**　☐　**6**　☐　**7**　☐　**8**　☐　**9**　☐　**10**

Avoid the temptation (to switch away from what you really wanted)
　　V　　　　O　　　　不定詞 形容詞的用法　　　　　　　　M
[in order to maintain a difference] and you'll have a more enjoyable
　　　　　　　　M　　　　　　　　　　　S　　V　　　　O
meal. Sometimes psychology means (a degree of) <tricking yourself
　　　　M　　　　　S　　　V　　　M　　　　　　　O
to get what's best>.

[In recent years] we have had a whole new opportunity (to study
　　　M　　　　　S　　V　　　　O　　　　　　　不定詞 形容詞的用法　　M
human attempts to stand out from the crowd in the way we use social
　　　　　　不定詞 形容詞的用法　　　　　　　the way SV「SがVする方法」
media). There have been some studies (of the way that celebrities
　　M　　　V　　　　S　　　　　M　　　　　　関係副詞のthat
use Twitter in particular to share personal information to reinforce
　　　　　　　　　　不定詞 副詞的用法 結果用法　　　　　不定詞 副詞的用法 目的
their celebrity status). This practice seems to have encouraged
　twitterを使って有名人の地位を高めること　　S　　　　　　　　V
others, who don't have a natural group (of followers), to aggressively
O　そしてその人たちは　V　　　O　　　　M　　　to
attack others on social media to make themselves stand out,
do　　　　　　　　　　　不定詞 副詞的用法 結果用法
[generating a form of artificial celebrity]. [As yet] there has been
　分詞構文「(そして)～」M　　　　　　　　　　M　　M　　V
relatively little work (done on the psychology of those who misuse
　　　S　　　　過去分詞の名詞修飾　　　　　M
social media), but it seems [that, as in the real world], the best way
　　　　　　　　S　V　　様態のas「～のように」M　　　　S
(to gain attention in social media) is not <to create artificial
　不定詞 形容詞的用法　　　　　　　　不定詞 名詞的用法　　C
celebrity>, but rather <to achieve something of value in its own
not A but rather B「AではなくてむしろB」　不定詞 名詞的用法
right that will bring with it personal distinction>.
関係代名詞、先行詞は something of value　　personal distinction が bring の目的語

違いを維持するために、本当に欲しかったものから切り替える誘惑を避けなさい。そうすれば、もっと食事を楽しめるだろう。時に、人の心理を利用して、少し自分をだますと、いちばん欲しいものが手に入ることになる。

　近年私たちは、ソーシャルメディアを使うことで、群衆から目立とうとする人間の試みを研究するまったく新しい機会を手にしてきた。有名人が特にTwitterを使って、その有名人としての地位を強くするのに、個人情報を共有する様子に関するいくつかの研究が行われてきた。この習慣のせいで、自然なフォロワー集団のいない人が、他人をソーシャルメディアで攻撃して、自分を目立たせて、ある種の人工的な有名人を作り出そうとしてきたように思える。今までのところ、ソーシャルメディアを誤って使用する人の心理に関して、比較的ほとんど研究はされていないが、実世界と同様に、ソーシャルメディアで注目される最善の方法は、人工的な名声を作り出すことではなく、むしろ、それにより個人的な特徴をもたらすそれ自体で価値のあるものを達成することだろう。

1 社会論

2 社会論

3 医学

4 哲学

5 論理学

6 歴史

7 I・T・テクノロジー

8 心理学

9 健康

10 哲学

語 彙 リ ス ト

☐ temptation	名 誘惑	☐ practice	名 習慣
☐ switch	動 切り替える	☐ aggressively	副 攻撃的に
☐ maintain	動 維持する	☐ generate	動 生み出す
☐ a degree of	熟 ある程度	☐ a form of	熟 一種の
☐ trick	動 だます	☐ artificial	形 人工的な
☐ whole	副 まったく	☐ as yet	熟 今までのところ
☐ opportunity	名 機会	☐ relatively	副 比較的
☐ attempt	名 試み	☐ It seems that ~.	熟 ~ように思える
☐ celebrity	名 有名人	☐ attention	名 関心
☐ in particular	熟 特に	☐ of value	熟 価値のある
☐ reinforce	動 強化する	☐ in one's own right	熟 それ自体で
☐ status	名 地位	☐ distinction	名 特徴

▶ 単語10回CHECK **1** ☐ **2** ☐ **3** ☐ **4** ☐ **5** ☐ **6** ☐ **7** ☐ **8** ☐ **9** ☐ **10** ☐

There's nothing better than going out with friends for a meal, but even though you may all get on well, you also have a natural tendency to want to stand out from the crowd and not to seem to be following the herd. Studies have shown that when people make a choice from a menu, whether it's for food or drink, and hear what other people have chosen first, they are much more likely to go for something different to the others. This even extends to ordering something they don't really want — or certainly don't want as much as a popular choice — if it prevents them from looking like a sheepish follower.

It might seem that this is because the group around the table is going to share each other's choices, so they want a more varied selection — but outside of particular cuisines where this is the norm, there is no evidence of this happening; people just grimly eat their substandard choice.

There is a simple way to avoid this. When selecting from a menu with a group, make sure you choose what you want before any discussion of what people are going to order — and once you make your choice, stick with it. Avoid the temptation to switch away from what you really wanted in order to maintain a difference and you'll have a more enjoyable meal. Sometimes psychology means a degree of tricking yourself to get what's best.

In recent years we have had a whole new opportunity to study human attempts to stand out from the crowd in the way we use social media. There have been some studies of the way that celebrities use Twitter in particular to share personal information to reinforce their celebrity status. This practice seems to have encouraged others, who don't have a natural group of followers, to aggressively attack others on social media to make themselves stand out, generating a form of artificial celebrity. As yet there has been relatively little work done on the psychology of those who misuse social media, but it seems that, as in the real world, the best way to gain attention in social media is not to create artificial celebrity, but rather to achieve something of value in its own right that will bring with it personal distinction.

▶ 10回音読CHECK 1 2 3 4 5 6 7 8 9 10

承認欲求

承認欲求という衝動は非常に厄介（やっかい）なもので、**人に認められたい、人に褒（ほ）められたい、人に必要とされたいと、自分の外部に動機付けを求める欲求**のことです。

承認欲求は、ときに成長する動機付けになりますが、**強すぎると、身勝手な言動が増えたり、お金ばかり求めたり、目立つことばかり考えて、精神性をゆがめてしまう**ことになります。ときに、その強すぎる承認欲求に付け込まれることで、異性からお金を搾取（さくしゅ）されたり、詐欺まがいの事件にも巻き込まれたりすることがあります。「周囲から認められなければいけない」と強迫観念のように追い込まれることで、働きすぎによる過労死につながってしまうこともあります。

自分の外に動機付けを設けている限り、どうしてもゆがんだ精神性になりやすいものです。他人が認めるなら良いもので、他人が認めないなら悪いものと、いつの間にか他人の意向に沿うようにしか自分を動かせなくなってしまいます。

他者からの承認から、**自分の承認へと変えること。自分なりに精一杯やれたかどうか、今の自分にやれる全てを出せたかどうか、そこに基準を設けます。**成功しようが失敗しようが今の自分にやれる限りを尽くせたなら、それで良しとすること。それは、正解を求めるのではなく、納得解を求めることとも似ています。自己承認、すなわち自分の承認へと切り替えることで、精神性のゆがみが少しずつなくなっていきます。

そして、誰しも多かれ少なかれ承認欲求があるのを認めたうえで、**それとバランスが取れる行為や感情を大切にすること。**それは、**奉仕の精神や利他の精神**であるのかもしれません。

1 社会論
2 社会論
3 医学
4 哲学
5 論理学
6 歴史
7 IT・テクノロジー
8 心理学
9 健康
10 哲学

健　康

食事中の音とダイエットの相関関係

解答

設問1 **1** (a)　**2** (d)　**3** (b)　**4** (c)　**5** (a)

設問2 **ア** (b)　**イ** (d)

設問3 **1** F　**2** T　**3** T　**4** F　**5** F

設問4 the more people concentrate on the noise of their meals, the less they eat

解説

設問1

1　(a)　完食する　　　(b)　常食とする
　　 (c)　開く　　　　　(d)　調査する

　下線部(1)を含む文は、「小さな銃撃戦のような騒音を出さずに一袋のお菓子を（　1　）できない人へかなりの恩恵があり、実験によると、食事の音に集中すればするほど、それだけ食べる量が少なくなり、彼らはその味がより強烈に感じるとわかっている」という文。**下線部(1)の目的語が「一袋のお菓子」であることからも、(a) eat up「完食する」が正解**。get through は「（仕事などを）終える」から意味が広がって、「**（食事を）完食する**」という意味でも使われる。

2　(a)　快適な　　　　(b)　興奮する
　　 (c)　うんざりする　(d)　周囲の

　distracting「気が散る」の意味で、(a)、(b) のようなプラスイメージの単語は不適。(c)「うんざりする」は言い過ぎなので不適。自分の食べている音に集中するのに、**気が散る音を減らすとは、周りの音を減らすことと同じなので (d) surrounding「周囲の」が正解**。

> **語彙 POINT ❷** tractは「引く」の意味

dis「離れて」 + tract「引く」= distract「そらす」の意味になります。他にも、**attract** = at「〜に」 + tract「引く」=「引き付ける」、**contract** = con「ともに」 + tract「引く」=「契約」などがあります。

3 (a) 自慢する　　(b) 切望する
　　(c) 反対する　　(d) 心配する

　下線部(3)craveは「強く望む」から、**(b) long for「切望する」**が正解。

> **語彙 POINT ❸** 「切望する」のパラフレーズ

「**切望する**」とは、「強く望む」という意味で、この言い換えは頻出です。他にも、**be eager for, be keen for, be anxious for, long for, yearn for**などがあります。本問の**crave**は難しい単語ですが、同じく「**切望する**」の意味です。

4 (a) 現れた　　(b) 作り上げた
　　(c) 判明した　　(d) 解決した

　下線部(4) emergedは、e (=ex)「外に」 + merge「現れる」=「出現した」の意味。一見すると、(a) came up「現れた」を選んでしまう。しかし、文脈を追うと、「人々の大部分が、チョコレートのもろさや、それを食べたときに鳴るチョコを砕く音が好きだから、そのバーを買っていた事実が最終的に**わかった**」なので、**(c) turned out「判明した」**が正解。

> **語彙 POINT ❹** ex (e) は「外に」

emerge = ex (e)「外に」 + merge「顔を出す」=「**出現する**」になります。exのxが欠けてeとなることもあります。他にも、**exercise** = ex「外に」+ercise「束縛」で、家畜などを「囲いの外に出す」ことから「**運動させる**」になりました。**emit**も、ex (e)「外に」 + mit「送る」=「**放出する**」になります。

5 (a) 割ることができること　　(b)　味
　　 (c)　激しさ　　　　　　　　 (d)　柔らかさ

　下線部(5) **brittleness**「もろさ」の意味なので、**(a) breakability**「**割ることができること**」が正解。下線部(5)の前文も「ある会社は、チョコレートコーティングを変えて、それがバーから滑り落ちるのを止めると、クレームをたくさん受けることになった」からも、消費者はチョコレートが崩れて、パキパキと音が鳴るのを好んでいたことがわかる。

⋯⋯⋯⋯⋯⋯⋯⋯⋯⋯⋯⋯⋯⋯⋯⋯⋯⋯⋯⋯⋯⋯⋯⋯⋯⋯⋯⋯⋯⋯⋯⋯⋯⋯⋯

設問2
ア

　空所（ア）を含む文は、Half of the participants had their ears（　ア　）with white noise, drowning out the sound of their chewing. の文。have O C「OをCにする」から、**their ears**と**flood**「**〜を一杯にさせる**」は受動の関係なので、過去分詞の**（b）flooded**が正解。

イ　(a)　思い込み　　(b)　楽しみ　　(c)　情報　　**(d)　知識**
　to one's knowledge「**〜の知るところでは**」から**（d）knowledge**「**知識**」が正解。

⋯⋯⋯⋯⋯⋯⋯⋯⋯⋯⋯⋯⋯⋯⋯⋯⋯⋯⋯⋯⋯⋯⋯⋯⋯⋯⋯⋯⋯⋯⋯⋯⋯⋯⋯

設問3
1　ラジオ4の教育番組は、テレビを見ながらの冷凍食品や台所でポールマッカートニーを流すことより体重を減らすのに効果的だ。
　第1段落は、食事中にもう何らかの音を聞く必要はないことの具体例。自分の食べる音に集中すればダイエットできるという説明で、**1のような教育番組とテレビやポールマッカートニーとの比較ではないので、不一致**。よって、**F**。

2　アメリカの心理学者は、パリパリしたお菓子を食べるように言われた後は、人々はあまり食べないと考えている。
　第2段落第3文「彼らは、誰かがパリパリしたお菓子を食べていると伝えるだけで食べる量が減ってくるほど、その影響がとても強いと思っている」と合致するので、**T**。

　モーア博士の発見は、体重を減らしたい人は、自分の噛む音に細か
い注意を払うように提案する。
　　第3段落第1文「ジーナ・モーア氏が、その発見（食事をとる音と食
事量の相関関係があること）は、ダイエットを望む人は気が散る音を削
減できることを示していると言った」は、すなわち「**周りの騒音を減ら
して、自分の食べる音に集中すること**」を意味するので、**T**。

4　モーアのグループは、人に食べ物を書いて知らせる紙を与えること
で、食べる量を少なくできることを証明するのにうまくいかなかった。
　　第4段落最終文「彼ら（**お菓子の音の魅力を伝えられた人たち）は、
代わりに味を強調した説明を見せられたもう一方のグループより平均し
て1枚少なく食べた**」と不一致なので、**F**。

5　モーアのグループは、食事の音と食べる量の関係に関する以前の研
究結果を確認した。
　　最終段落「この関係（食事の音と食事量の相関関係）は、食事の音が
消費者の環境で重要にもかかわらず、既存の研究で調査されていなかっ
た」と不一致なので、**F**。

設問4
　「～すればするほど、より…」から、**the ＋ 比較級 ～, the ＋ 比較級
… .** を使う。

No more TV dinners, no more snacking with Paul McCartney on
no more ～「もはや～はいらない」の情報が3つ接続
the kitchen stereo and certainly, no listening to the more intellectual

bits of Radio 4 over breakfast.
「～しながら」
　If you want to lose weight, the best accompaniment to a meal is the
O
sound of your own chewing, a study suggests. Psychologists (in the
S　　　　V　　　　　S　　　　　　　　　M
US) have found <that people consume less food when they can hear
V　　　名詞節のthat　　　　　　　　　O　　　　so ～ that ...「…ほど～」
themselves eating>. They believe the effect to be so powerful [that
psychologistsを指す S　　V　　　　O　　to be　　C　　　　　M
even simply telling somebody that they are eating a crunchy snack
動名詞、telling ～ snack までの名詞句を作る
makes them eat less]. [In a considerable benefit to those who cannot
make O do「Oに～させる」　　　M　　　　　　those who「～する人々」
get through a packet of crisps without making the noise of a small

gunfight], experiments show <that the more people concentrate on
S　　　V　　名詞節のthat　　the＋比較級～, the＋比較級
the noise of their meals, the less they eat and they think the flavours
O　　　　　　　　　　　名詞節のthat の省略
are more intense>.

　Gina Mohr, assistant professor of marketing at Colorado State
S　　　　　　　　　　　M
University, said <the findings suggested that people who wanted to
V　名詞節のthat の省略 O　　　名詞節のthat
diet could cut down on distracting sounds>. [In one experiment],
M
Dr. Mohr and a colleague asked 71 students to sit in a room with a
S　　　　　　V　　　O　　to do
bowl of ten pretzels while wearing a pair of headphones.
they (71 students) wereの省略

1 社会論

2 社会論

3 医学

4 哲学

5 論理学

6 歴史

7 ＩＴ・テクノロジー

8 心理学

9 健康

10 哲学

冷凍食品や、台所のステレオでポールマッカートニーの歌を聞きながら間食を食べたり、朝食を食べながらラジオの４チャンネルのより知的な番組を聞いたりすることはもはや必要ない。

もし体重を減らしたいなら、食事にいちばんのおともは自分が噛む音だと、ある研究が示唆する。アメリカの心理学者は、自分の噛む音が聞こえると、食べる量が少なくなることを発見した。彼らは、誰かがパリパリしたお菓子を食べていると伝えるだけで食べる量が減ってくるほど、その影響がとても強いと思っている。小さな銃撃戦のような騒音を出さずに一袋のお菓子を完食することができない人へかなりの恩恵があり、実験によると、食事の音に集中すればするほど、それだけ食べる量が少なくなり、彼らはその味がより強烈に感じるとわかっている。

コロラド州立大学のマーケティングの助教授であるジーナ・モーア氏が、その発見はダイエットを望む人は気が散る音を削減できることを示していると言った。ある実験で、モーアと同僚が、71人の学生がヘッドフォンを付けている間に、10個のプレッツェルの容器をもって、部屋で座るように頼んだ。

☐ intellectual	形 知的な	☐ get through	熟 完食する
☐ accompaniment	名 付属物	☐ packet	名 一包み
☐ chew	動 噛む	☐ gunfight	名 銃撃戦
☐ psychologist	名 心理学者	☐ flavour	名 味
☐ consume	動 消費する	☐ intense	形 強烈な
☐ believe O to be C	動 OがCと信じる	☐ cut down on	熟 削減する
☐ crunchy	形 パリパリした	☐ distracting	形 気が散る
☐ considerable	形 かなりの		

▶ 単語10回CHECK **1** **2** **3** **4** **5** **6** **7** **8** **9** **10**

Half (of the participants) had their ears flooded with white noise,
S M V O C
[drowning out the sound of their chewing]. They ate (an average of)
分詞構文「(そして)~」 M S V M
four pretzels each. The other half, (who were able to hear themselves
O M S 「そしてその人たちは」 M
eat much more distinctly), took 2.8 each.
V O M

The marketing psychologists also sat 156 undergraduates down [in
S M V O M M
a room with eight baked crackers made from pitta bread]. One group
過去分詞の名詞修飾 S
read a piece of paper (that said: "Our pitta crackers deliver the
V O 関係代名詞 M
crunch you crave. You'll love the crispy sound of each bite)." They
関係詞の省略 S
each ate (an average of) one fewer [than the other group], who were
M V M O M 「そしてその人たちは」 V
shown an instruction (that emphasised the taste instead).
O 関係代名詞 M

The researchers believe <that food manufacturers have long
S V 名詞節のthat O
understood this phenomenon>. [When the company behind the
自分の食べる音を聞くと、食事量が減ること M
Magnum brand of ice creams changed their chocolate coating to stop
不定詞 副詞的用法 結果用法
it slipping off the bar], they were inundated with complaints. It
S V O 形式主語 S
eventually emerged <that people had largely been buying the bars
M V 名詞節 S'
precisely because they liked the brittleness of the chocolate and

crackling noise it made when they ate it>.
関係詞の省略

被験者の半分が耳に一杯の白色雑音（はくしょくざつおん）を聞かされ、自分たちの噛（か）む音をかき消されていた。彼らは平均してそれぞれ4本のプレッツェルを食べた。残りの半分は、自分たちが食べる音をずっとはっきりと聞くことができて、それぞれ2.8本のプレッツェルを食べた。

　マーケティング心理学者は、ピタパンから作った8枚のクラッカーを持たせて、部屋の中に156人の大学生を座らせた。一方のグループはこう書かれた1枚の紙を読んだ。「私たちのピタパンから作ったクラッカーは、あなたが切望するバリバリのお菓子です。噛むたびに、バリバリした音が気に入るでしょう」。彼らは、代わりに味を強調した説明を見せられたもう一方のグループより、平均して1枚少なく食べた。

　研究者たちは、食料の製造業者は、長い間この現象を理解していたと思っている。アイスクリームのマグナムブランドを運営する会社は、チョコレートコーティングを変えて、それがバーから滑り落ちるのを止めると、クレームをたくさん受けることになった。人々の大部分が、チョコレートのもろさや、それを食べたときに鳴るチョコを砕（か）く音が好きだから、そのバーを買っていた事実が最終的にわかった。

1 社会論
2 社会論
3 医学
4 哲学
5 論理学
6 歴史
7 IT・テクノロジー
8 心理学
9 健康
10 哲学

語 彙 リ ス ト

☐ white noise	名 白色雑音（雑音の一種）	☐ manufacturer	名 製造業者
☐ drown out	熟 かき消す	☐ phenomenon	名 現象
☐ distinctly	副 はっきりと	☐ slip off	熟 滑り落ちる
☐ undergraduate	名 大学の学部学生	☐ be inundated with	熟 ～でいっぱいになる
☐ pitta bread	名 ピタパン	☐ complaint	名 不平
☐ crave	動 切望する	☐ eventually	副 最終的に
☐ crispy	形 バリバリした	☐ emerge	動 出現する
☐ bite	名 ひとかじり	☐ largely	副 大部分
☐ an average of	熟 平均して	☐ precisely	副 正確に
☐ instruction	名 指示	☐ brittleness	名 もろさ
☐ emphasize	動 強調する	☐ crackle	動 バリバリ音を立てて壊す

▶ 単語10回CHECK　1 ☐　2 ☐　3 ☐　4 ☐　5 ☐　6 ☐　7 ☐　8 ☐　9 ☐　10 ☐

"To our knowledge, this relationship had not been examined in
       O   自分の食べる食事の音と食事量の関係
existing research despite the importance that food sound has in the
                             関係代名詞
consumer environment," the authors wrote [in the journal *Food*
                         S   V   M
Quality and *Preference*].

//////////////// 本 文 訳 ////////////////

　「私たちが知るところでは、この関係は食事の音が消費者の環境で重要にもかかわらず、既存の研究で調査されていなかった」と、Food Quality and Preference誌で、著者たちが書いていた。

//////////////// 語 彙 リ ス ト ////////////////

| □ relationship | 名 関係 | □ existing | 形 既存の |
| □ examine | 動 調査する | □ despite | 前 〜にもかかわらず |

▶ 単語10回CHECK　1　2　3　4　5　6　7　8　9　10

No more TV dinners, no more snacking with Paul McCartney on the kitchen stereo and certainly, no listening to the more intellectual bits of Radio 4 over breakfast.

If you want to lose weight, the best accompaniment to a meal is the sound of your own chewing, a study suggests. Psychologists in the US have found that people consume less food when they can hear themselves eating. They believe the effect to be so powerful that even simply telling somebody that they are eating a crunchy snack makes them eat less. In a considerable benefit to those who cannot get through a packet of crisps without making the noise of a small gunfight, experiments show that the more people concentrate on the noise of their meals, the less they eat and they think the flavours are more intense.

Gina Mohr, assistant professor of marketing at Colorado State University, said the findings suggested that people who wanted to diet could cut down on distracting sounds. In one experiment, Dr. Mohr and a colleague asked 71 students to sit in a room with a bowl of ten pretzels while wearing a pair of headphones. Half of the participants had their ears flooded with white noise, drowning out the sound of their chewing. They ate an average of four pretzels each. The other half, who were able to hear themselves eat much more distinctly, took 2.8 each.

The marketing psychologists also sat 156 undergraduates down in a room with eight baked crackers made from pitta bread. One group read a piece of paper that said: "Our pitta crackers deliver the crunch you crave. You'll love the crispy sound of each bite." They each ate an average of one fewer than the other group, who were shown an instruction that emphasised the taste instead.

The researchers believe that food manufacturers have long understood this phenomenon. When the company behind the Magnum brand of ice creams changed their chocolate coating to stop it slipping off the bar, they were inundated with complaints. It eventually emerged that people had largely been buying the bars precisely because they liked the brittleness of the chocolate and crackling noise it made when they ate it.

"To our knowledge, this relationship had not been examined in existing research despite the importance that food sound has in the consumer environment," the authors wrote in the journal *Food Quality* and *Preference*.

▶10回音読CHECK　1 □　2 □　3 □　4 □　5 □　6 □　7 □　8 □　9 □　10 □

BACKGROUND KNOWLEDGE
背景知識が広がるコラム

ダイエットの手法

　ダイエットは英会話と並んで、日本人が長年取り組んでいても、効果が出ない2大分野と言われています。僕自身も、朝ご飯を抜いたり、肉をやめたり、一方で炭水化物を抜いたり、様々な方法に取り組んできた記憶があります。

　昔、**レコーディングダイエット**と言って、1日に食べたものを手帳などに記録するダイエットが流行しました。紙に書き出して自分の食べたものや食べる量を客観視することで、ダイエットする手法です。本文にあったように、自分の食事の音を聞くことで、**本能的で無意識の食を、理性的に客観視してコントロールする点**で似ているでしょうか。

　どうして太るのか、いろいろな見方があると思いますが、やはり**食べすぎ**と**運動不足**があげられるでしょう。個人差はありますが、**1日3食食べて、1食1食を食べすぎないこと**、そして**定期的に運動すること**が肝心なのかと思います。

　私もそうですが、特にデスクワーク中心の人たちは、**圧倒的に体を動かす機会が少なくなります**。そもそも、**デスクワークが体に悪いことを前提にして**、積極的に体を動かす習慣を日々取り入れていくことが必要です。大人になると太る人が多いのは、若いころに比べて体を動かす機会が圧倒的に減ること、それにより体の代謝が落ちて、必要以上のカロリー摂取になって太ってしまうからなのです。

社会論

社会論

医学

哲学

論理学

歴史

IT・テクノロジー

心理学

健康

哲学

115

哲学

『無』の現在地

解答

1 実際には、無は過去のもので、17世紀末よりかなり前に解決されており、その後は、それについて話すべきことや心配すべきことがないということでは決してない。無は依然として謎であるだけではなく、そしておそらくそのせいで、無はそれに気付かないときですら、生活のほぼすべての場面で、登場し続けてもいる。

2 私たちが知れば知るほど、必然的にわからないことは減っていくのだから、すべてに関して知れば知るほど、それだけ無に関してわからなくなるという奇妙な逆説の１つが、私たちの目の前に残される。

3 ⑦ Brought ⑦ sung

解説

1

構文図解　▼無に関する問題が解決されていること

[Far from it], [in fact]. Not only does *nothing* remain a
　　M　　　　　M　　　　　M　　　倒置　　S　　　V　C
mystery, but (and [possibly because of it]) — *nothing* also
　　　　　　　　　　　　M　　　無がいまだに謎に包まれていること　S　M
keeps on <making an appearance in virtually every walk of
　V　　　　　　　　　　　　　O
life>, [even when we don't notice].
　　　　　　　M

　Far from it, in fact. 「実際にはそれとは程遠い」＝「実際には、決してそんなことはない」の意味。itは、第１段落の「無に関する問題は、17世紀末よりかなり前に解決されており、その後は、それについて話すべきことや心配すべきことがないと考えていただろう」を指す。次の文は、

not only が文頭に出てきたので、後ろは**倒置**が起きて、疑問文の語順になる。because of it の it は、「無がいまだに謎に包まれていること」を意味する。**keep on doing**「〜し続ける」と**make an appearance**「登場する」の表現が使われている。**every walk of life** で、「**生活のすべての場面**」の意味。walk には名詞で「場面」の意味がある。

- -

2

```
構文図解

[Since it follows that the more we know, the less we don't
  理由のsince「〜ので」      the＋比較級〜, the＋比較級          M
know], we are left [with one of those strange paradox that the
        S    V        予告のthatの複数形       M      同格のthat
more we know about everything, the less we know about
  the＋比較級〜, the＋比較級
nothing].
```

since から副詞節が始まり、know までの意味のカタマリを作り、動詞の are left を修飾する。この since は、理由の since「〜ので」の意味。**it follows that** は「**必然的に〜ということになる**」の意味。it は形式主語で that 以下を指し、follow は自動詞で「引き続いて起こる」の意味。that 節内は、**the ＋ 比較級 〜 , the ＋ 比較級… .**「**〜すればするほど、それだけますます…**」が使用されている。be left with は能動態である **leave A with B**「**A を B に残す**」の受動態なので、「**A は B を残される**」と訳す。those strange paradox の those は**予告の that が複数の those になったもの**なので、訳出はしない。that は同格の that で、those strange paradox の説明。

　後続の名詞の後に説明が続く合図となる**that**を**予告のthat**といいます。このthatは「あれ、それ」という指示性は弱いので、特に訳出しません。thatが複数形になるとthoseになります。
（例文）

Who was **that** woman I saw you with yesterday?

🈓 昨日あなたといた女性は誰ですか？

　この例文も、thatはwomanの後ろから説明が続く合図なので、特に訳出しません。この例文は、関係詞がwomanとIの間に省略されていますが、省略されている場合にも、この予告のthatは使用できます。

・・

3

ア

構文図解

[（　ア　）out from the recesses of forbidden thought to an
分詞構文「〜すると」　　from A to B「AからBまで」　　　　　　　M
honored place within the hallowed halls of philosophy and

religion, and finally into the wide world], *nothing* has been
　　　　　　　　　　　　　　　　　　　　　　　　　　　　S　　　　V
widely taken [on board] [by the arts], almost [to the point of
　　　　　M　　　　　M　　　　　M　　　　　　M
obsession].

　空欄（ア）を含む文は、*nothing* has been widely takenというSVの文構造を後ろに持つ**分詞構文**だと気づくのが重要。空欄（ア）の後ろから、**from A to B「AからBまで」**があり、「禁じられた考えが潜む奥まったところから、哲学や宗教の神聖な内部にある栄誉（えいよ）ある場所へ、そしてとうとう広い世界へと（　ア　）、無はほぼ強迫的な状態にまで、芸術によって理解されている」という文。「**ある場所から別の場所へと持ち込まれた**」と、文脈を類推すると、bringの過去分詞の**Brought**が正解とわかる。

118

イ

> 構文図解
>
> [With everyone trying to disprove King Lear's dark prediction
> 　　▲
> 　付帯状況の with　　　　　　　　　　　　　　　　　　M
> that "nothing will come of nothing]," *nothing* is thought about,
> 　　▲
> 　同格の that　　　　　　　　　　　　　　　　　S　　　　V
> laughed about, written about, （　イ　）about, painted and
> 　　V　　　　　　　V　　　　　　　　V　　　　　V
> fashioned.

　空欄（イ）を含む文は、付帯状況の with が come of nothing までの前置詞句を作り、動詞の is thought を修飾する。everyone が O、trying 以下が C、**文頭の付帯状況の with** は、「〜ので」と理由解釈することに注意。空欄（イ）は、主語の *nothing* に対する is thought about, laughed about, written about, painted and fashioned との接続で、無を対象として様々な試みがなされてきたことの例とわかるので、sing の過去分詞の **sung** が正解。

構文 POINT ⑩　文頭の付帯状況の with

　付帯状況の with とは、with の後ろに O、C と 2 つの意味のカタマリを置いて、「O を C して」と、文の前後にある状況を追加する働きです。中でも、**文頭に付帯状況の with** を置くと、「**O が C なので**」と**理由の意味で解釈**をします。

（例文）

With the cost of living so high, we can't afford to buy that car.

🈑 生活費がとても高いので、私たちはその車を買う余裕がない。

with の後ろの the cost of living「生活費」が O で、so high が C です。文頭の付帯状況の with は理由で解釈して、「生活費がとても高いので」と訳します。

[Considering its history], you'd have thought <that by now
分詞構文「〜すると」　　　　M　　　　　S　　　V　　　　名詞節　O
problems with *nothing* were a thing of the past, sorted out well before
　　　　　　　　　　　　　　　　　　　　　　分詞構文「(そして)〜」
the end of the seventeenth century>, and <that thereafter *nothing*
　　　　　　　　　　　　　　　　　that節とthat節の接続　　　　O
was nothing to talk about and certainly nothing to worry about>.
　　　不定詞 形容詞的用法　　　　　　　　不定詞 形容詞的用法
Apparently not. [Far from it], [in fact]. Not only does *nothing*
　　　　　M　　　　　　M　無に関する問題が解決されていること　M　　　倒置　　　S
remain a mystery, but (and [possibly because of it]) — *nothing* also
V　　　　C　　　　　　　　　　　M　　無がいまだに謎に包まれていること　S　　　　M
keeps on <making an appearance in virtually every walk of life>,
　V　　　　　　　　　　　　　　　　　O
[even when we don't notice].
　　　　M

But then how could we notice *nothing*? That, surely, is the point
　　　M　M　　　S　V　　　O　　　　　S　　M　　V　　C
(of nothing): it is ... nothing. Yet there it is, alive and well, and still,
　M　　　　S　V　　C　　　　M　S V　　　　C　　　　　　C
obstinately, as far away [as ever from being understood], [despite
　　M　　　　　C　　　　　　　M　　　　　　　　M
our advances in ology, and most spectacularly our ability to gather
　　　　　　　　our advances 〜とour ability 〜の接続　　不定詞 形容詞的用法
information and knowledge]. [In some way], [in fact], it is more of
　　　　　　　　　　　　　　　M　　　　　M　　S V　C
a mystery, [precisely because we know so much about everything
　　　　　　　　　　　　　　M
else]. [Since it follows that the more we know, the less we don't
　　　理由のsince「〜ので」　　the＋比較級〜 , the＋比較級　　　M
know], we are left [with one of those strange paradox that the more
　　　　S　V　　　　　予告のthatの複数形　M　　　同格のthat
we know about everything, the less we know about *nothing*].
　　　　　　　the＋比較級〜 , the＋比較級

本文訳

　その歴史を考慮すると、今までは無に関する問題は、17世紀末よりかなり前に解決されており、その後は、それについて話すべきことや心配すべきことがないと考えられていただろう。

　おそらくそうではない。実際には、決してそんなことはない。無は依然（いぜん）として謎であるだけではなく、そしておそらくそのせいで、無はそれに気付かないときですら、生活のほぼすべての場面で、登場し続けてもいる。

　しかし、それならどうやって私たちは無に気付くことができるのか。確かにそれは無という段階だ。それは何もないのだ。しかし、それは活溌であるし、科学の進歩や、壮観なほど私たちが情報や知識を集められるにもかかわらず、理解されることからは程遠いほど、頑固に静止している。実際には、ある点で、それはちょうど私たちが他のすべてについて非常に多くを知っているからこそ、むしろ謎に包まれている。私たちが知れば知るほど、必然的にわからないことは減っていくのだから、すべてに関して知れば知るほど、それだけ無に関してわからなくなるという奇妙な逆説の1つが、私たちの目の前に残される。

語彙リスト

☐ considering	前 ～を考慮すると		☐ virtually	副 ほぼ
☐ sort out	熟 分類する		☐ every walk of life	名 生活のすべての側面
☐ thereafter	副 その後に		☐ point	名 要点、段階
☐ certainly	副 確実に		☐ obstinately	副 しつこく
☐ apparently	副 おそらく		☐ ology	名 科学
☐ far from	熟 決して～ではない		☐ spectacularly	副 壮観なほど
☐ remain C	動 Cのままである		☐ gather	動 集める
☐ mystery	名 謎		☐ precisely	副 正確に
☐ possibly	副 おそらく		☐ it follows that ~.	熟 （必然的に）～ということになる
☐ keep on doing	動 ～し続ける		☐ strange	形 奇妙な
☐ make an appearance	熟 登場する		☐ paradox	名 逆説

▶単語10回CHECK 1 ☐ 2 ☐ 3 ☐ 4 ☐ 5 ☐ 6 ☐ 7 ☐ 8 ☐ 9 ☐ 10 ☐

And let's face it: *nothing* just doesn't make sense, and [because
of that] it's more [than annoying] — an affront (to those who are
endeavoring to understand the world).

[If in the past the powers-that-be discouraged people to even think
about it], today *nothing* is well [out of the closet]. [Brought out from
the recesses of forbidden thought to an honored place within the
hallowed halls of philosophy and religion, and finally into the wide
world], *nothing* has been widely taken [on board] [by the arts],
almost [to the point of obsession]. [Whether in film, television,
music, literature, theatre or visual art], the search (for *nothing*) (and
so to understand it) is there, sometimes [on the surface], [at other
times] below, [as if *nothing* is the holy grail through which
everything will be better understood].

[For the arts], *nothing* seems to be the last frontier, the one
windmill (that blocks the way to depicting everything), the ultimate
mystery (that needs to be solved). [With everyone trying to disprove
King Lear's dark prediction that "nothing will come of nothing,"]
nothing is thought about, laughed about, written about, sung about,
painted and fashioned.

　それゆえ、それに向き合ってみよう。無だけでは意味をなさず、そのせいで、それは迷惑な状態を越えて、世界を理解しようとしている人には侮辱となる。

　もしその昔、権力者が人々にそれについて考えさせないようにすらしていたとしても、現代では、無はすっかり明るみになっている。禁じられた考えが潜む奥まったところ（ひそ）から、哲学や宗教の神聖な内部にある栄誉ある場所へ、そしてとうとう広い世界へと持ち込（えいよ）まれたので、無はほぼ強迫的な状態にまで、芸術によって理解されている。映画、テレビ、音楽、文学、劇場、視覚芸術であろうと、無の探究（それを理解しようとそうする）は存在しており、時に浮上したり、ある時は水面下に潜ったり、まるで無が、それによってすべての理解が進む聖杯であるかのようだ。

　芸術にとって、無とは最後の辺境のようであり、すべてを描く方法を邪魔する1つの風車であり、解決する必要のある究極の謎でもある。皆がリア王の「無から有は生じえない」という暗い予言を反証しようとするので、無について考えて、笑い、書いたり、歌ったり、描いたり、つくったりする。

make sense	熟 意味を成す	visual art	名 視覚芸術
annoying	形 迷惑な	surface	名 表面
affront	名 侮辱	as if	熟 まるで〜かのように
endeavor to do	動 〜しようとする	holy grail	名 聖杯
powers-that-be	名 権力者	frontier	名 開拓者
discourage O to do	動 Oに〜させない	windmill	名 風車
recess	名 奥まったところ	depict	動 描く
forbid	動 禁止する	ultimate	形 究極の
honor	動 栄誉を称える（たた）	solve	動 解決する
hallow	動 神聖化する（えいせい）	disprove	動 反証をあげる
take O on board	熟 Oを理解する	prediction	名 予言
obsession	名 強迫観念	come of	熟 〜に起因する
literature	名 文学	fashion	動 形作る

▶ 単語10回CHECK　1 □　2 □　3 □　4 □　5 □　6 □　7 □　8 □　9 □　10 □

右側のタブ：
1 社会論
2 社会論
3 医学
4 哲学
5 論理学
6 歴史
7 IT・テクノロジー
8 心理学
9 健康
10 哲学

Considering its history, you'd have thought that by now problems with *nothing* were a thing of the past, sorted out well before the end of the seventeenth century, and that thereafter *nothing* was nothing to talk about and certainly nothing to worry about.

Apparently not. Far from it, in fact. Not only does *nothing* remain a mystery, but (and possibly because of it) — *nothing* also keeps on making an appearance in virtually every walk of life, even when we don't notice.

But then how could we notice *nothing*? That, surely, is the point of nothing: it is ... nothing. Yet there it is, alive and well, and still, obstinately, as far away as ever from being understood, despite our advances in ology, and most spectacularly our ability to gather information and knowledge. In some way, in fact, it is more of a mystery, precisely because we know so much about everything else. Since it follows that the more we know, the less we don't know, we are left with one of those strange paradox that the more we know about everything, the less we know about *nothing*.

And let's face it: *nothing* just doesn't make sense, and because of that it's more than annoying — an affront to those who are endeavoring to understand the world.

If in the past the powers-that-be discouraged people to even think about it, today *nothing* is well out of the closet. Brought out from the recesses of forbidden thought to an honored place within the hallowed halls of philosophy and religion, and finally into the wide world, *nothing* has been widely taken on board by the arts, almost to the point of obsession. Whether in film, television, music, literature, theatre or visual art, the search for *nothing* (and so to understand it) is there, sometimes on the surface, at other times below, as if *nothing* is the holy grail through which everything will be better understood.

For the arts, *nothing* seems to be the last frontier, the one windmill that blocks the way to depicting everything, the ultimate mystery that needs to be solved. With everyone trying to disprove King Lear's dark prediction that "nothing will come of nothing," *nothing* is thought about, laughed about, written about, sung about, painted and fashioned.

▶ 10回音読CHECK 1 2 3 4 5 6 7 8 9 10

無の境地

「無の境地」という言葉を耳にしたことがある人は多いはずです。仏教の世界では「悟りを開く」と言われます。座禅や瞑想などによって達する精神性で、**物欲を代表とした心身を悩ませる煩悩から離れて、涅槃と呼ばれる状態が無の境地や悟り**と表現されます。

スポーツの世界では、いわゆる「ゾーンに入る」と表現されており、**一切の雑音や雑念がなくなる極限の集中力のこと**を言います。一度ゾーンに入ると、野球選手ならばホームランを連発したり、バスケットボール選手ならばシュートを何度も連続して成功させたりすることが可能になります。

ストレスコントロールに役立つので、一部のビジネスマンやアスリートも、集中力を高める訓練の1つとして瞑想を取り入れています。

瞑想に必ず付きまとうものが、「呼吸」です。都会に住むデスクワークの多い現代人は、**呼吸が浅く、それにより自律神経が乱れて、ストレスが多くなります。浅い呼吸は、交感神経という緊張状態が続くことになり、それにより心身のダメージが大きくなります。瞑想時に行われる呼吸は、通常時の呼吸よりはるかに深く、それにより心身ともに、リラックスした状態である副交感神経優位の状態がもたらされます**。リラックスを促すときに「深呼吸して」と言われるように、深い呼吸は、自律神経を調節することが可能になります。

自分の意識とは無関係に働く自律神経をコントロールできる数少ないものが、私たちの呼吸です。**呼吸を意識することで、ストレスもコントロールできる**ようになります。

1 社会論
2 社会論
3 医学
4 哲学
5 論理学
6 歴史
7 IT・テクノロジー
8 心理学
9 健康
10 哲学

おわりに

　本書を最後まで読んでくださった読者の方1人ひとりに、心より御礼申し上げます。多岐にわたる英語学習の中でも、本書はリーディングとリスニングの強化を狙いとしています。大学入試のみならず、TOEICや英検においても、この2大分野が得意になれば、人生の道が大きく開けてくるはずです。

　その最大のコツとは、音読を10回することでした。音読の効果は、枚挙にいとまがないくらい先人の英語学習者や、実際に私が教えてきた何万人にも及ぶ生徒たちが証明してくれています。特に、単語そのものの記憶と、長文を実際に何度も読み込むことによる真の語彙力の定着は、一生ものの英語力となります。

　英語力の壁にぶつかったとき、必ず単語力と音読という原点に立ち返ってみてください。必ずやこの2つが、あなたがぶつかっている壁を壊してくれるはずです。

　本書はトップレベルという最高峰のレベルです。本書で取り上げた10の英文を完璧にしたら、もうどんな長文でも恐れることはありません。本シリーズが、あなたの人生を変えるシリーズとなることを願っています。

　最後に、本書の企画・編集を担当してくださった（株）かんき出版の前澤美恵子様、素敵なデザインを施してくださったワーク・ワンダースの鈴木智則様、校正を念入りにしてくださったエディットの皆様、最後までお付き合いいただいた読者の皆様に、心より御礼申し上げます。

肘井　学

【著者紹介】

肘井　学（ひじい・がく）

●——慶應義塾大学文学部英米文学専攻卒業。全国のさまざまな予備校をへて、リクルートが主催するネット講義サービス「スタディサプリ」で教鞭をとり、高校生、受験生から英語を学びなおす社会人まで、圧倒的な満足度を誇る。

●——「スタディサプリ」で公開される「英文読解」の講座は、年間25万人の生徒が受講する超人気講座となっている。さらに「東大英語」「京大英語」を担当し、受講者に多くの成功体験を与えている。

●——週刊英和新聞「朝日ウィークリー（Asahi Weekly）」にてコラムを連載するなど、幅広く活躍中。

●——著書に『大学入試　肘井学の読解のための英文法が面白いほどわかる本』『大学入試　肘井学の　ゼロから英語長文が面白いほどわかる本』『大学入試　ゼロから英文法が面白いほどわかる本』『語源とマンガで英単語が面白いほど覚えられる本』『大学入試　肘井学の　作文のための英文法が面白いほどわかる本』（以上KADOKAWA）、『難関大のための　上級問題　特訓リーディング』（旺文社）、『高校の英文法が1冊でしっかりわかる本』『高校の英文読解が1冊でしっかりわかる本』（かんき出版）などがある。

大学入試（だいがくにゅうし）レベル別英語長文問題ソリューション3（べつえい ごちょうぶんもんだい）　トップレベル

2020年9月7日　　第1刷発行
2022年11月15日　　第5刷発行

著　者——肘井　学
発行者——齊藤　龍男
発行所——株式会社かんき出版
　　　　　東京都千代田区麹町4-1-4　西脇ビル　〒102-0083
　　　　　電話　営業部：03(3262)8011(代)　編集部：03(3262)8012(代)
　　　　　FAX　03(3234)4421　　　　　　　　振替　00100-2-62304
　　　　　http://www.kanki-pub.co.jp/
印刷所——大日本印刷株式会社